中华人民共和国海船船员模拟器知识更新培训教材

ECDIS 模拟器

中国海事服务中心组织编写

大连海事大学出版社

ⓒ 缪克银　赵默洋　2017

图书在版编目(CIP)数据

ECDIS 模拟器／缪克银，赵默洋主编. — 大
连：大连海事大学出版社，2017.6
中华人民共和国海船船员模拟器知识更新培训教材
ISBN 978-7-5632-3488-2

Ⅰ.①E… Ⅱ.①缪… ②赵… Ⅲ.①电子海图—电子
数据处理系统—职业培训—教材 Ⅳ.①U675.81

中国版本图书馆 CIP 数据核字(2017)第 141879 号

大连海事大学出版社出版

地址:大连市凌海路1号 邮编:116026 电话:0411-84728394 传真:0411-84727996

http://www.dmupress.com E-mail:cbs@dmupress.com

大连住友彩色印刷有限公司印装　　　　大连海事大学出版社发行

2017 年 6 月第 1 版	2017 年 6 月第 1 次印刷
幅面尺寸:145 mm×210 mm	印张:3.625
字数:67 千	印数:1～3000 册

出版人:徐华东

策　　划:徐华东	组　　稿:李明阳
责任编辑:张宏声	责任校对:张　冰
封面设计:解瑶瑶	版式设计:解瑶瑶

ISBN 978-7-5632-3488-2　　定价:15.00 元

前　言

　　为全面、有效和充分地履行《STCW公约马尼拉修正案》，保障海船船员适任证书及培训合格证书再有效工作的顺利开展，依据《中华人民共和国海船船员适任考试和发证规则》（简称《11规则》）和《中华人民共和国海船船员培训合格证签发管理办法》（简称《合格证办法》）等相关规定，2016年12月19日交通运输部海事局发布《交通运输部海事局关于中华人民共和国海船船员适任证书及培训合格证书再有效有关事宜的通知》（海船员〔2016〕685号，以下简称《再有效通知》），就《STCW公约马尼拉修正案》履约过渡期结束后，海船船员适任证书、培训合格证书的再有效做出了相应安排。《再有效通知》还对适任证书和培训合格证书知识更新培训大纲以及适任证书失效或者没有足够有效服务资历者再有效所需的模拟器培训大纲进行了明确。

　　为了更好地指导培训工作，突出培训重点，提高培训效果和质量，保障海船船员培训合格证书再有效工作的顺利开展,中国海事服务中心组织教学和培训经验丰富的专家编写了"中华人民共和国海船船员模拟器知识更新培训教材",并组织实践经验丰富的海事管理机构专家和船公司的指导船长、轮机长对教材进行了审定。教材编写过程紧密围绕《再有效通知》中模拟器培训大纲的要求,力求概念清楚、理论正确、重点突出、条理清晰、知识点全面,注重理论和实践相结合。本套书可以作为海船船员参加适任证书再有效培训的参考教材,也可作为我国船员教育和培训机构、海事管理机构、航运企业、船舶、船员及相关管理人员的参考资料。

本系列教材共7本,包括《航海模拟器》《雷达模拟器》《GMDSS模拟器》《ECDIS模拟器》《船舶货运软件操作》《轮机模拟器》《电子电气员模拟器》。

本系列教材在编写过程中得到了各海事机构、航运院校、船员培训机构、航运企业以及相关单位的关心和大力支持,特致谢意!

《ECDIS模拟器》由江苏海事职业技术学院缪克银和赵默洋主编。全书共9个项目,其中项目一、二、四、八由赵默洋编写,项目三由陈金福编写,项目五、九由葛蓉编写,项目六、七由王法初编写。本书由缪克银统稿。

由于时间仓促,书中难免存在错误和疏漏,欢迎广大读者和专家批评指正。

中国海事服务中心

2017年3月

目 录

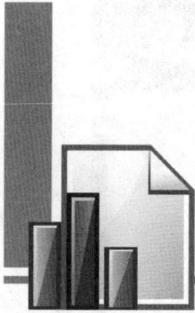

项目一
系统组成检查

一、系统开启及各传感器检查

1. 电子海图显示与信息系统开启

电子海图显示与信息系统（ECDIS）开启前首先需要检查硬件设备的完整性，包括主机、输入设备、输出设备、电源装置以及与之连接的各传感器，然后接通电源，按下控制台上的"开机"按钮，等待计算机系统开机和电子海图显示与信息系统软件自动启动、软件初始化和自检后自动进入系统主界面（图1-1-1）。ECDIS模拟器开启前先检查安装有模拟软件的计算机，接通电源后开启计算机即可进入系统主界面。

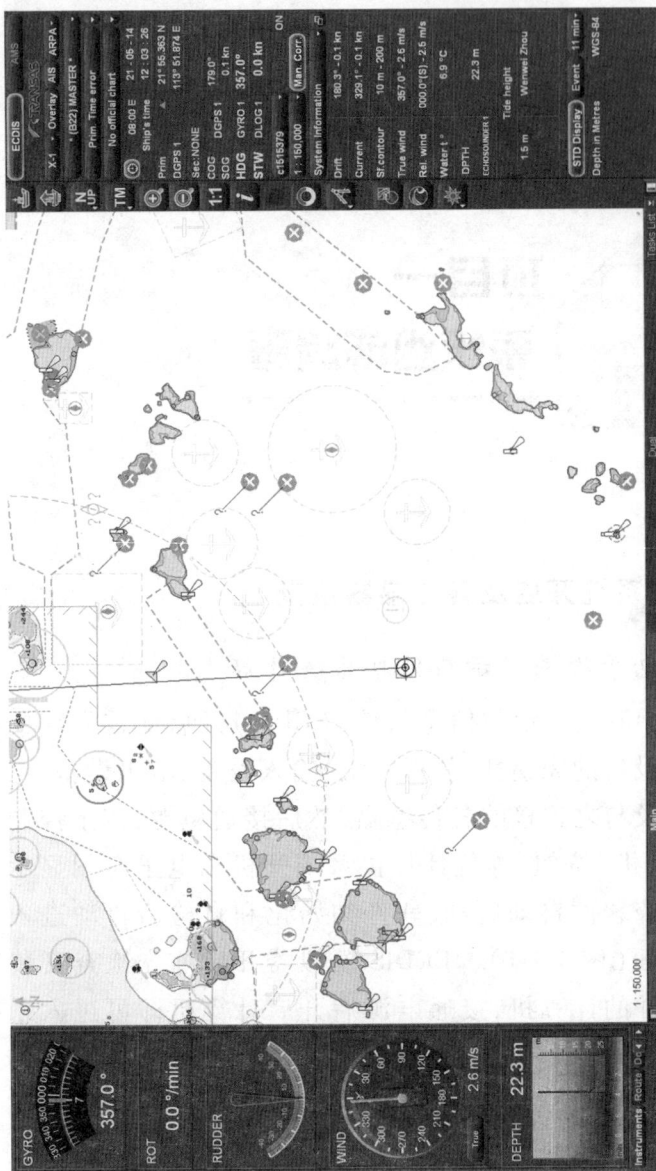

图1-1-1　电子海图显示与信息系统主界面

2. 各传感器检查

电子海图显示与信息系统是实现 E-navigation 的重要组成部分,要完全发挥出 ECDIS 的优势,则必须和多种航海仪器连接并综合运用。与多种传感器连接的 ECDIS 不仅能够查阅使用电子海图数据单元,还能够获取若干本船及航行环境信息,包括船位、航向、航速、舵角、转角速率、当前水深、风向、风速、流向、流速、水温、气压、雷达图像、AIS 数据等信息,为驾驶员及时准确地做出航行决策提供可靠支持。获取这些信息需要 ECDIS 与 GPS、罗经、计程仪、测深仪、风向风速仪、雷达、AIS 等设备连接(图 1-1-2)。

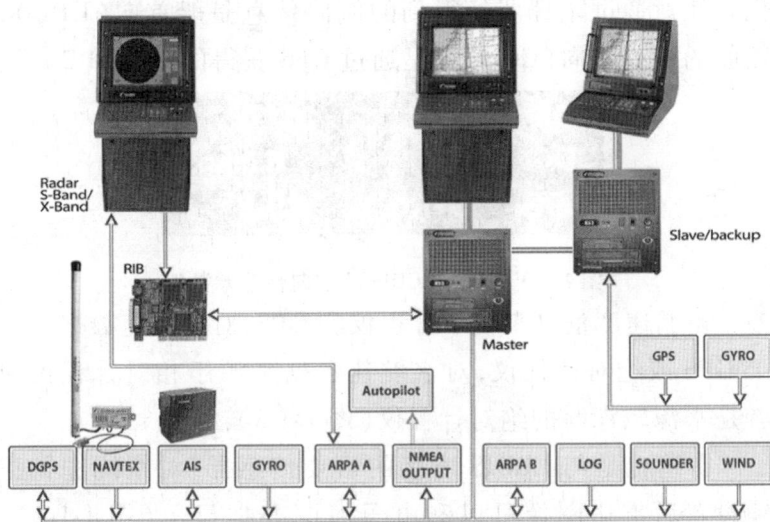

图 1-1-2　ECDIS 与多种传感器配合使用

全球知名的定位导航系统有美国全球定位系统(GPS)、俄罗斯全球导航卫星系统(GLONASS)、欧洲伽利略导航卫星系统（Galileo Positioning System）、中国北斗卫星导航系统（BDS）以及日本准天顶卫星系统（QZSS）。IMO 对 ECDIS 的性能要求中指出，当使用 ECDIS 作为主要导航手段时，须通过位置传感器获取实时的船位信号。现在各国商船普遍使用 GPS 作为船位信息来源。

　　船舶的航向信息主要来自航向传感器，主要有陀螺罗经、磁罗经、光纤罗经和 GPS 罗经。出于性能和成本的综合考虑，现在商船主要配备陀螺罗经为 ECDIS 提供本船航向信息数据。船用陀螺罗经精度一般为 $0.5° \sim 1°$，使用时还应考虑纬度变化、变向、变速等情况引起的陀螺罗经差变化。注意通过陀螺罗经得到的航向信息是船首向（HDG），船舶的对地航向（COG）则是通过 GPS 获得的（图 1-1-3）。

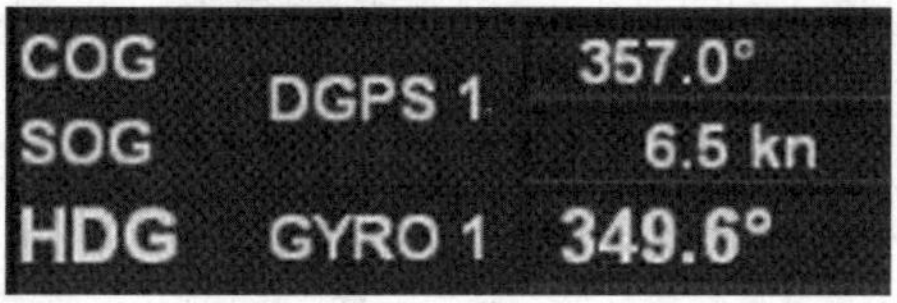

图 1-1-3　接入 ECDIS 的航向传感器数据

　　船舶速度信息来自于计程仪和 GPS，对地航速数据来自于 GPS 或绝对计程仪，对水航速数据来源于相对计程仪或者是水深较深时的绝对计程仪（图 1-1-3）。

　　雷达也是与 ECDIS 连接的重要传感器，对系统进行正确设置后雷达图像可以和电子海图叠加显示（图 1-1-4）。通过观察分析叠加图像可以进行判断本船船位、判断目标船船位、避碰、识别目标、雷达和电子海图对比检查等操作。

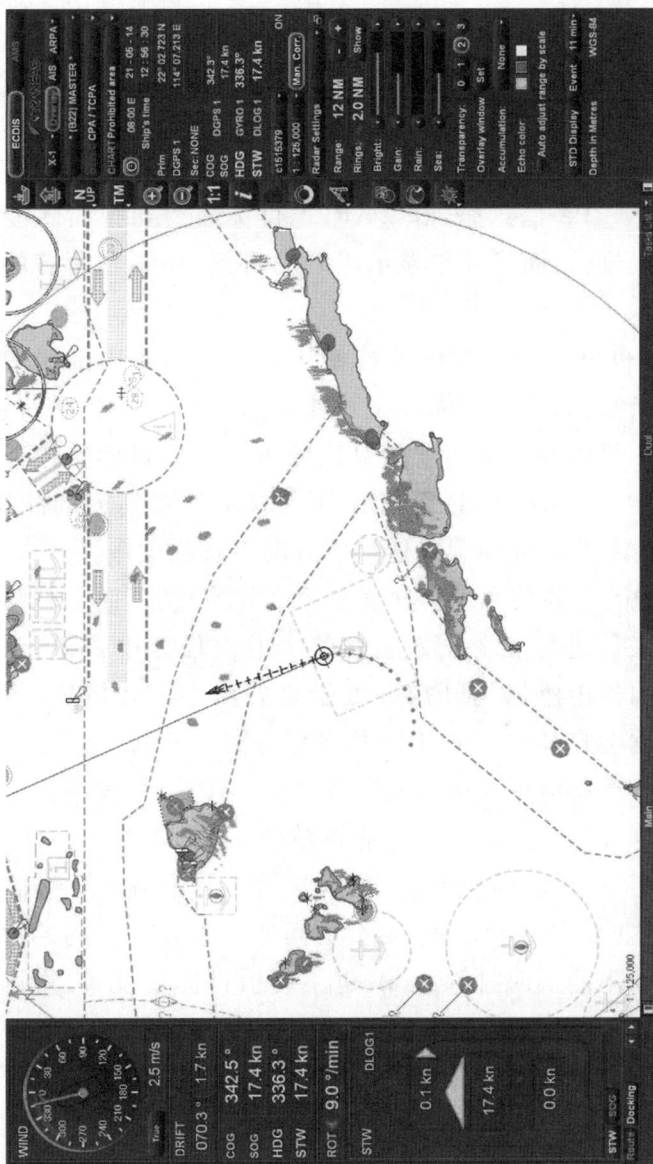

图1-1-4　雷达图像与电子海图叠加显示

使用图像叠加时为航海人员的导航避碰操作提供了便利，但应注意几点问题：雷达杂波可能会影响航行安全；电子海图上的船位不准时，雷达上的本船位置和目标位置不能正确显示在海图上；雷达回波可能会覆盖遮挡海图上其他信息；采用 ARPA 信息叠加时，ARPA 目标需要捕捉后才能在 ECDIS 上显示，而且只是显示跟踪的目标，而不是所有的目标。

　　AIS 也可以和 ECDIS 连接使用。通过接收周围船舶广播的导航数据，在电子海图上可查看 AIS 目标的各项信息，通过 AIS 目标和雷达回波的对比分析可以对目标船进行准确识别定位。AIS 信息还可弥补 ARPA 跟踪延迟的状况，AIS 作为传感器与 ECDIS 连接更有助于避碰操作。

　　ECDIS 与各传感器初次连接后，需要设备厂商工程师协助航海人员进行相关配置。在整个航次任务中，都应确保 ECDIS 和各传感器均开启并处于良好状态。开机后，各传感器数据会自动接入 ECDIS 并在相应窗口显示。

　　当传感器信息未接入或者数据匹配错误时，警报提示窗口会闪烁提示故障信息并伴有声响警报（图 1-1-5）。此时，应根据警报提示检查相应传感器的工作状况、传感器与 ECDIS 数据线的连接状况，必要时可重启设备进行初始化和自检。如不能及时排除故障，也不可擅自拆装设备，需尽快报修，等待专业授权人员维修。

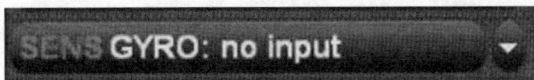

图 1-1-5 陀螺罗经信号未接入警报

二、检查 ECDIS 是否满足我国主管机关要求

我国对 ECDIS 的要求与 IMO 规范要求一致,另外我国对在沿海航区航行的本国籍船舶不强制要求配备使用 ECDIS,可以配备符合《GB 15702—1995 电子海图技术规范》的电子海图。该规范规定了制作电子海图的原则、方法、电子海图应该具备的内容以及使用电子海图时的基本要求。该规范将电子海图系统(ECS)分为 A、B、C 三类,A 类 ECS 可作为国内航行船舶的主要导航手段,也可作为 ECDIS 设备的后备安排,但需符合 MSC.232(82)附录 6 和 IEC 61174 的要求。B 类 ECS 可用于未要求配备 A 类 ECS 的国内航行船舶,并可作为其主要的导航手段。C 类 ECS 适用于辅助导航,用于船位标绘和监视。符合《国内航行船舶电子海图系统(ECS)功能、性能和测试要求》的电子海图设备即可获取相应的型式认可证书,由设备厂商提供,随船备查。

三、检查 ECDIS 是否满足 IMO 规范要求,是否通过型式认可

通过型式认可的 ECDIS 可以替代纸质海图作为船舶航行的主要导航手段。为保证航行安全,国际海事组织(IMO)、国际海道测量组织(IHO)、国际电工委员会

（IEC）对 ECDIS 的性能、海图数据通用性、数据可靠性、数据时效性、数据保密性等多方面制定出了相应的公约规范（图 1-3-1）。

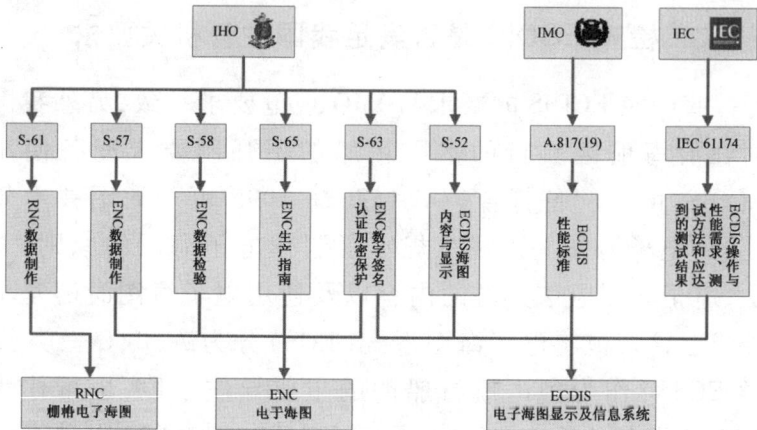

图 1-3-1　ECDIS 相关主要公约规范

　　IMO 制定了相应的 ECDIS 性能标准,在 2009 年 1 月 1 日或以后安装的 ECDIS 设备,符合不低于 MSC.232(82)所规定的性能标准;在 1996 年 1 月 1 日或以后,但于 2009 年 1 月 1 日以前安装的 ECDIS 设备,符合不低于经 MSC.64(67)决议和 MSC.86(70)决议修正的 A.817(19)决议附件所规定的性能标准。IHO 针对海图数据制定了若干规范,例如 S-52《电子海图显示与信息系统海图内容与显示规范》,S-57《IHO 数字海道测量数据传输标准》,S-58《ENC 有效性检验推荐标准》,S-61《光栅海图产品规范》,S-63《IHO 数据保护方案》,S-64《IHO ECDIS 测试数据集》,S-65《ENC 生产指导》,S-66《电子海图及配备要求》等。国际电工委员会制定了 IEC 61174《电子海图显示与信息系统操作与性能需求、测试方法和应达到的测试结果》。

总的来说,满足 IMO 要求并可替代纸质海图作为主要导航手段的 ECDIS 设备需要满足以下要求:

(1)设备性能符合 IMO 相应公约规范;

(2)配备主管机关认可的备份装置;

(3)使用各缔约国官方发布的符合 IHO 相应规范的矢量海图数据(ENC);

(4)有官方数据更新服务;

(5)具备型式认可证书(图 1-3-2)。

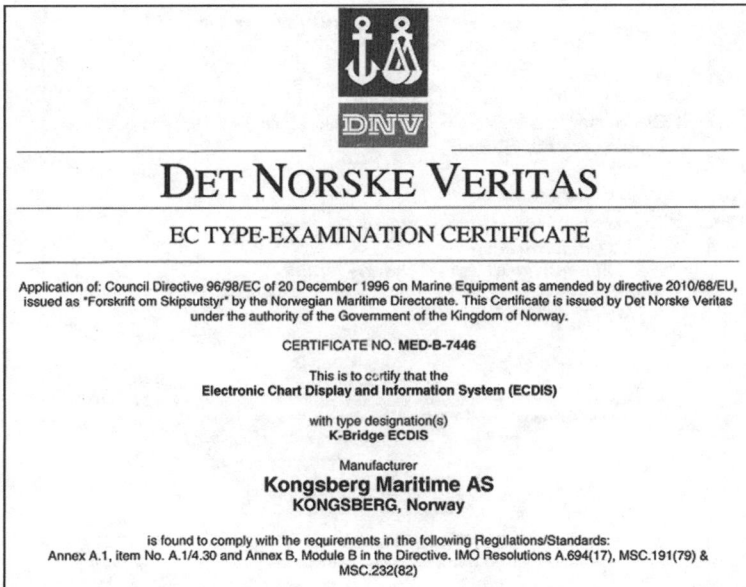

图 1-3-2　ECDIS 型式认可证书

在 PSC 针对 ECDIS 的检查项目中,除了满足上述 IMO 要求外,相关船员还应经过电子海图通用培训和特定型号培训,并持有培训证明材料(图 1-3-3)。

图 1-3-3　ECDIS 特定型号培训证明

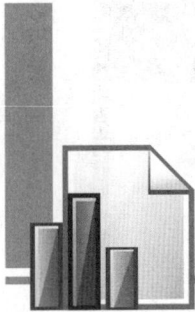

项目二
ECDIS 的基本操作

一、ECDIS 界面、布局认识和功能

1. ECDIS 界面、布局认识

ECDIS 开机后即可自动进入系统主界面（图 2-1-1），以某型号 ECDIS 模拟器主界面为例，主界面包括：

（1）传感器数据和船舶监控数据面板，显示各传感器提供的本船数据、航行环境，航行监控等信息；

（2）海图显示区，显示海图、本船及其他船舶船位、运动矢量、航线、水文气象等信息；

（3）信息与功能面板，显示报警信息、本船信息、海图信息，还可进行海图选择、陆标定位等操作；

（4）常用工具栏，有快速显示本船、海图缩放、快速距离及亮度调节等工具。

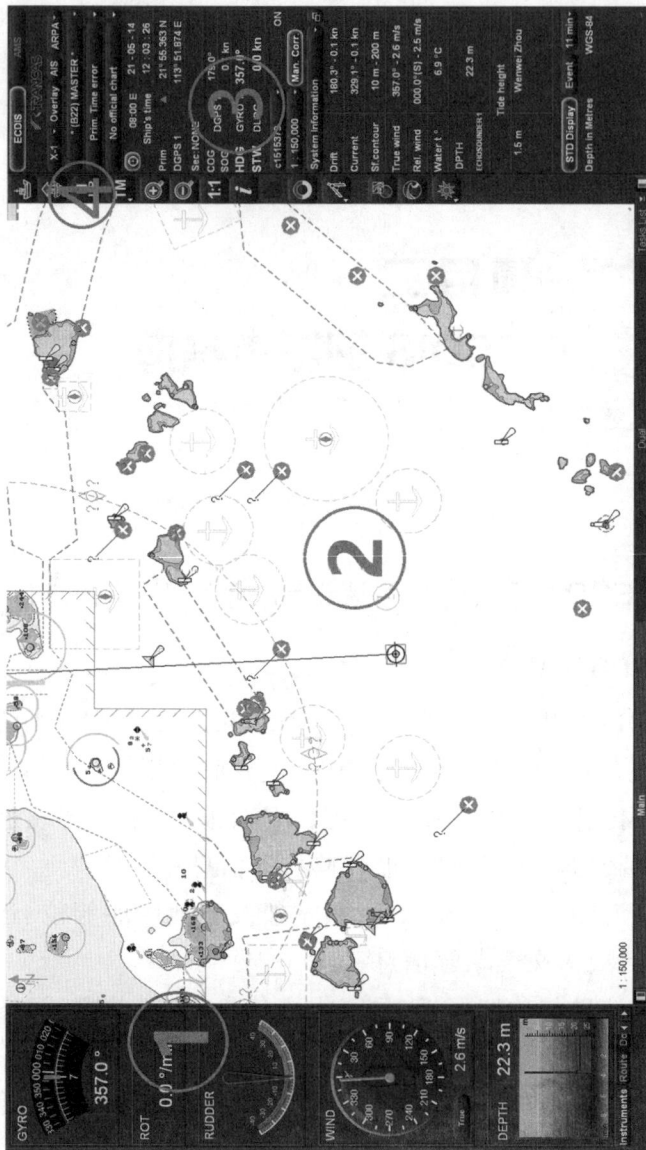

图2-1-1 ECDIS界面、布局

　　另外在主界面下方还有系列功能菜单，包括海图显示设置、海图改正、航线设计、航行监控和航行记录等功能。

　　2．基本功能

　　（1）海图载入功能

　　海图载入分为自动载入和手动载入两种方式。自动载入模式下 ECDIS 将在 SENC 中查找符合当前比例尺且能覆盖当前显示海域的海图并自动显示，同时还可载入其他海图填充未被当前显示海图填充的区域。手动载入模式下允许操作人员通过海图列表或者图号选择某一海图单元载入显示。

　　（2）显示背景

　　ECDIS 设备具有不同显示背景调节功能，以确保操作人员在一天中的不同时段能够清楚查看、操作设备并且不影响夜视和正常瞭望，值班驾驶员根据驾驶台的光线条件设置合适的显示背景，可以选择白天、晨昏、夜晚等模式以获取最佳使用效果（图 2-1-2）。

图 2-1-2　ECDIS 显示背景设置

　　（3）显示方向

　　ECDIS 主要的显示方向有北向上、船首向上、航向向上三种方式，部分型号设备还具备航线向上模式。北向上是海图真北对准屏幕竖向向上，有利于观察船舶真航向和物标真方位。船首向上是以本船船首向对准屏幕竖向向上，方便观察物标舷角,但应注意由于船首向稳定性较差,容易导致图像频繁变化或抖动。航向向上是以本船运动方向对准屏幕竖向向上,图像稳定,可以方便观察物标舷角。

（4）运动模式

ECDIS 具备真运动和相对运动两种模式。真运动模式下以海图为固定参照物,船舶运动时在屏幕上的显示效果是海图固定,船舶移动。相对运动模式则相反,船舶在屏幕上处于固定位置,海图相对屏幕移动。

（5）比例尺缩放

每一张纸质海图具有固定的比例尺,而电子海图可以通过技术手段对海图进行缩小和放大显示操作。放大操作:可通过操作面板上的"ZOOM IN"按钮进行放大,也可用轨迹球点击系统界面上的放大菜单进行放大,或者用轨迹球配合确认按钮选择特定区域放大比例尺。缩小操作:可通过操作面板上的"ZOOM OUT"按钮进行缩小比例尺操作,也可用轨迹球点击系统界面上的缩小菜单进行缩小比例尺操作。ECDIS 模拟器通常可以运用鼠标的滚轮进行比例尺放大缩小操作。

电子海图比例尺缩放操作并不改变海图原始比例尺,只是改变海图显示比例尺,操作时不宜过度放大、缩小显示海图,避免细节消失、误差增大、显示海图范围过小等问题。

（6）显示内容选择

电子海图包含了大量的海区信息和航行相关信息,如果在海图上同时显示所有信息则会显得繁杂,不利于航海人员快速、准确获取必要的关键信息,在使用 ECDIS 时应该根据当前航行环境和需要选择显示内容,显示内容分为基础显示、标准显示和所有其他信息 3 个类别,具体设置操作在后续章节讲解。

(7)测量功能

ECDIS 可实时显示光标对应位置的坐标数值,查看某一位置经纬度时只需将光标置于该点即可在主界面显示,部分型号 ECDIS 模拟器需要另外开启显示坐标功能。ECDIS 还可测量方位、距离,通过光标移动或者通过键盘输入坐标来确定位置点,可以量取本船与某位置点间的方位、距离,也可量取海图上任意两点间的方位、距离。

(8)陆标定位

ECDIS 具备绘制方位位置线或距离位置线的功能,并根据位置线自动计算出观测船位。使用 ECDIS 进行陆标定位比起在纸质海图上的操作更加简单便捷,而且可以有效减小作图误差,提高精度的同时减轻了船舶驾驶员的负担。

(9)信息查询功能

航海人员可通过光标选择或者菜单选择查询相应的航海信息,例如查询助航标志信息、碍航物信息、特定区域信息、陆标信息、水文信息、航线信息、海图信息、港口信息等。

二、ECDIS 系统显示基本设置与海图数据浏览

1.海图显示内容设置

ECDIS 能显示所有 SENC 信息,航海人员可根据不同船

舶条件、航行环境及要求,选择适当、合理的显示内容和显示方式以保证航行安全。SENC 信息分为 3 种类型:基础显示、标准显示和所有其他信息。

当 ECDIS 显示某一海区海图时,应当使用 SENC 中显示区域中的最大比例尺的数据提供标准显示。IMO ECDIS 性能标准同时还要求 ECDIS 应能在任何时候仅靠操作员的一个操作提供标准显示。ECDIS 应能便捷地增加或删除 SENC 显示的信息,但不能删除基础显示的信息。在关闭或断电后打开时,应恢复至最近手动选择的显示设置。

在 ECDIS 的使用中,应充分考虑显示分类的功能,在航行过程中,合理设置显示模式及其内容,达到最佳的屏幕显示效果。如在近岸航行时选择标准显示,在港区航行时选择所有其他信息显示并挑选必要的航行信息(如水深点等)。

(1)基础显示(Display Base)

不能从显示中消除的海图内容,由任何时候、任何地域、任何条件下均必需的信息构成。

基础显示并非足以保证安全航行的信息,基础显示的信息包括:

①海岸线(高潮潮位);

②本船的安全等深线;

③安全等深线所定义的安全水域内的水下孤立危险物,其水下深度小于安全等深线;

④安全等深线所定义的安全水域内的孤立危险物,如固

定结构和架空电缆等；

⑤比例尺、范围、指北符号；

⑥深度和高程单位；

⑦显示模式。

（2）标准显示（Standard Display）

在进行航线设计和航路监控时至少应使用的显示模式。标准显示的信息包括：

①基础显示信息；

②干出线；

③浮标、立标、其他助航标志及固定结构；

④航道、海峡等的边界；

⑤视觉和雷达显著物标；

⑥禁航区和限制区域；

⑦海图比例尺边界；

⑧警告注记的指示；

⑨船舶定线制和渡轮航线。

（3）所有其他信息（All Other Information）

系统默认不显示，用户可根据需要决定显示或不显示的信息。例如：

①水深点；

②海底电缆和管线；

③孤立危险物的详细信息；

④助航标志的详细信息；

⑤警告标记的内容；

⑥海图版本日期；

⑦测量基准面；

⑧磁差；

⑨经纬线图网；

⑩地名和航标名称。

2. 海图显示比例尺设置

在航行监控状态下，应该使用覆盖船舶所在海区的最大比例尺海图，部分 ECDIS 设备可快速载入当前海区最大比例尺海图，航海人员根据实际航行需要还可进行显示比例尺缩放调节。需要注意的是，当海图显示比例尺变化后，会引起人们的视觉测量误差，可能导致物体之间相对关系的判断错误，加大航行风险。当显示比例尺与原始比例尺相差较大时，ECDIS 会做出提示。另外，ECDIS 还有"一键恢复"功能，可通过快捷按钮快速将显示比例尺恢复为原始比例尺。

3. 强调显示

航行中，船长和驾驶员对水深、浅水区、危险物尤为关注。ECDIS 可对安全水深、浅水区、危险物等进行强调突出显示，以引起船员的注意，加强航行辅助监视。

（1）安全水深

根据用户选择的安全水深，以高亮或粗体强调显示等于或小于所设安全水深值的水深。

（2）安全等深线

根据用户选择的安全等深线，以高亮或粗体强调显示等于或临近本船安全等深线的海图等深线。详细内容参见项目四中的详细描述。

（3）孤立危险物

如果孤立危险物位于安全等深线确定的安全水域，但其水深小于安全等深线，该孤立危险物会强调显示；即使孤立危险物位于危险水域且小于安全水深，也可强调显示。

（4）双色水深区

以本船安全等深线为界，小于该值的一侧用深色填充（图 2-2-1）。双色水深区显示可使用户直观感知水域的"浅""深"，快速判定安全水深区域。为强调显示浅水区域，避免观察判断错误，例如显示的整个水域都小于安全等深线，且在夜间，由于水深区域的颜色深浅差别较小，不易判定当前水域是浅水或深水区域。ECDIS 可以对浅水区采用暗格填充模式进行强调显示，以明确标示出浅水区。

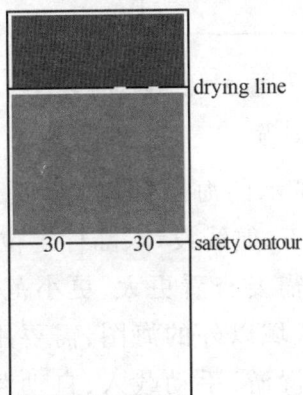

图 2-2-1　双色水深区

（5）四色水深区

以设置的安全等深线、浅水等深线（Shallow Contour）和深水等深线（Deep Contour）为界划分为四个水深区，分别用四色填充，使用户直观感知水域的"很浅""较浅""较深""更深"（对应的颜色通常为深蓝、浅蓝、灰白、白），方便其对安全深度水域的判定（图2-2-2）。

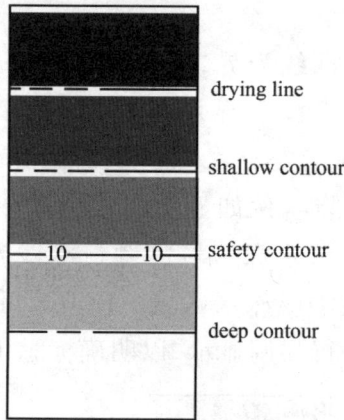

drying line

shallow contour

safety contour

deep contour

图 2-2-2　四色水深区

4. 海图数据浏览

在 ECDIS 中显示的海图数据具有"无边界海图"的特点，在进行海图改正、航线设计、陆标定位、航行监控等操作时，航海人员时常需要查看更大、更小范围海区海图，或查看当前屏幕显示区域以外的海图，需要用到海图数据浏览功能，可通过海图漫游、手动载入、自动载入和比例尺变换四种途径实现海图数据浏览。

（1）海图漫游

控制面板上的特定移动按钮可移动屏幕显示海图，或是通过操作轨迹球移动光标从而移动屏幕显示海图，部分型号的 ECDIS 模拟器可以将光标置于屏幕中某一位置，然后点击鼠标确认按钮，此时，系统会把光标所在位置置于屏幕正中心，从而达到变换显示海区浏览海图数据的效果。

（2）手动载入海图

在海图数据管理菜单中可查看已安装并获得许可的海图列表，选择需要浏览的海图单元，确认载入后系统会把所选海图单元显示到屏幕中。除此之外，还可在海图管理菜单中通过输入海图图号的方式快速查找并载入需要浏览的海图单元。

（3）自动载入海图

在真运动模式下，随着船舶移动，本船符号与屏幕显示区域边界的距离会越来越近，ECDIS 中显示本船前方的可见水域范围越来越小，此时，会影响航海人员对船舶周围航行环境的观察，从而影响对航行态势的判断。因此，需要在系统菜单中设置一个合适的本船与海图显示边缘的最小距离，当船舶符号到达这一阈值时，ECDIS 能重新调整本船在屏幕中的位置，并同时调整屏幕显示区域内的海图，从而达到移动浏览海图的效果。

（4）比例尺变换

通过改变显示比例尺来放大或缩小海图显示的地理范围，从而实现浏览海图数据的操作。

在浏览海图数据的过程中,本船符号有时可能不会显示在屏幕中,不利于航海人员掌握本船航行状态以及周围航行环境,造成了安全隐患。各型号 ECDIS 设备都在系统界面显著位置设置了"快速恢复"的快捷菜单,能够快速显示本船及所在航区海图。

项目三
系统数据与显示

一、电子海图数据管理

1. ENC 的生成

首先由 IHO 各成员国水道测量机构将电子海图数据库生成电子航海图(ENC)数据,将 ENC 数据递交给相应的 ENC 区域协调中心;ENC 区域协调中心将各成员国的 ENC 数据汇编成该区域数据库,再生成可分发的 ENC,交由相应分发机构进行分发;ECDIS 将所需的 ENC 和改正信息综合到 SENC,使显示设备读取和显示电子海图。ENC 的生成过程如图 3-1-1 所示。

ENC 是采用矢量化的方式制作的,将海图上的等高线、岸线、水深点、灯标、障碍物、分道通航区等海图信息进行矢量化,得到经纬度,连同其属性,按类别存储到计算机数据

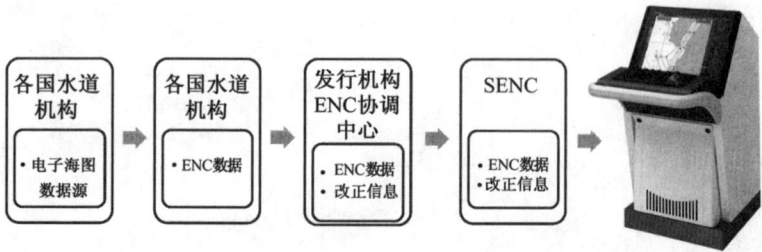

图 3-1-1　ENC 的生成过程

库,全世界各海区信息不重叠。当需要显示某一个海区的海图时,计算机根据给定的经纬度范围,从该数据库中提取相应信息,创建海图。

纸质海图以张为计量单位,而 ENC 数据则以单元(cell)为计量单位。单元是某地理区域的 ENC 数据分发的基本单位。每个 ENC 单元的数据以专用单元名(文件名)单独存储,数据文件不超过 5MB。文件名由 8 位字母和数字命名构成,如 CN611020.000,其中:前两位"CN"代表生产商,CN 表示中国,FR 表示法国,GB 表示英国(具体的生产商编码列表可以参见 IHO S-62);第 3 位"6"为比例尺数字代码(范围为 1~6),如表 3-1-1 所示,代表按比例尺划分的不同航行用途;第 4 位至第 8 位"11020"为图号,是海图单元识别码,可以是数字或大写字母;小数点后为数据文件后缀名,代表海图版本,000 为数据原始版本,改正数据文件在000 基础上依次增加,如 CN611020.020 表示第 20 次改正,最大可达到 999 次。

表 3-1-1 海图类型和比例尺范围

代码	用途	名称	比例尺范围
1	概览 （Overview）	总图	< 1 : 1 499 999
2	大洋航行（General）	远洋航行图	1 : 350 000 ~ 1 : 1 499 999
3	沿海航行（Coastal）	近海航行图	1 : 90 000 ~ 1 : 349 999
4	近海航行（Approach）	沿岸航行图	1 : 22 000 ~ 1 : 89 999
5	港内航行（Harbour）	港湾图	1 : 4 000 ~ 1 : 21 999
6	靠离码头（Berthing）	码头图	> 1 : 4 000

电子海图的比例尺分原始比例尺（Compilation scale）和显示比例尺（Display scale）。原始比例尺是指为满足 IHO 关于海图精度的要求而由相关水道测量机构在数据最初编辑阶段时建立的比例尺。表 3-1-1 中的比例尺即为原始比例尺。显示比例尺为两点间的显示距离与其实际距离的比值。因此，对于某一单元海图而言，原始比例尺是固定的，而显示比例尺可在显示时改变。

2. 数据检验（Validation Check）

为了保证标准数据模型中的所有目标均被正确处理，在 S-57 数据正式交付使用之前，必须检验海图数据质量是否符合相关标准。国际标准海图数据的质量检验是海图出版发行合法化、规范化的重要保证。为此，IHO 发布了 ENC 有效性检验的推荐标准 S-58。

3. 数据加密

ENC 在交换和传输过程中的安全性和完整性涉及版权

和航行安全,是数据提供商和数据用户共同关注的问题。为了防止传输中 ENC 被损坏、修改和非法复制,需要建立一套有效的 ENC 数据保护方案。

S-63 是一种数据加密方式,其采用动态的 CELL KEY,每次发布更新文件都采用新的 CELL KEY,大大加强了数据的安全性。即使有人破解旧的 S-63 数据,但新的数据还需重新破解。S-63 加密方式可以保护数据的安全,保护正版用户的利益。

二、ENC 数据载入、海图信息的查询与显示

1. ENC 数据载入

航海人员可以根据工作需要在系统中载入某一 ENC 数据,可以通过海图列表选择和查找海图两种方式加载 ENC 数据。

(1)通过海图列表加载海图数据

在系统界面中打开海图功能控制菜单,该菜单中会以列表的形式显示系统中已经安装的海图数据,可查看海图图号、比例尺、出版日期、上次改正日期、海图类型等关键信息(图 3-2-1)。用光标选择所需要的海图即可在主界面中加载,注意根据海图类型栏信息区分 ENC 数据和 VEC 数据,当使用 ECDIS 作为主要导航手段时必须使用 ENC 数据。

(2)通过搜索海图加载海图数据

当系统中安装海图数据过多时,不宜使用浏览海图列表的方式加载海图数据,通过搜索海图图号进行加载则更加

图 3-2-1　海图列表

快捷方便。在系统界面中打开海图功能控制菜单,在搜索
对话框中输入所需要加载的海图图号,该图信息会在海图
列表中高亮显示,选择该图即可加载数据。

(3)海图加载设置

部分型号 ECDIS 还能对海图数据加载功能进行更详细
的设置(图 3-2-2),例如可选择固定显示某张海图或是自动
加载本船所在海域海图,设置加载海图时使用的显示比例
尺,设置不同海图的载入优先级等。

(4)海图显示状态

海图信息窗口可以查看当前海图的显示状态(图 3-
2-3)。

例如当前显示的海图图号是 C1515379,处于自动载入
模式,显示比例尺为 1:150 000,同时还显示了手动改正
信息。

2.海图信息的查询

SENC 数据单元包括了丰富的航行相关信息,很多信息
并不直接在海图界面上显示,当航海人员需要查阅使用这
些信息时,就需要用到海图信息查询功能。各种不同型号

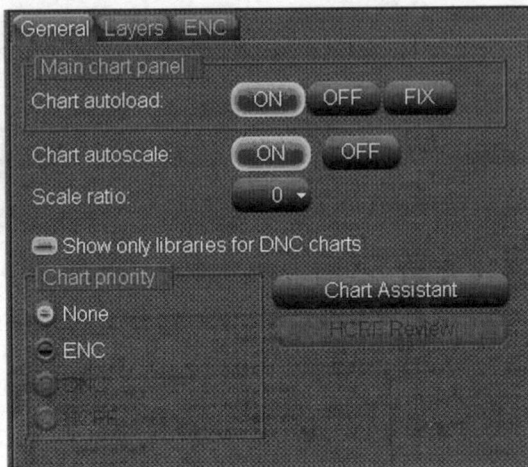

图 3-2-2　海图加载设置

图 3-2-3　海图显示状态

ECDIS 的信息查询操作基本一致,用光标选取要查询的点、线、面物标,选择查询即可,或者是先选择信息查询功能,然后再选择物标,即可查询物标的详细文字、图示等信息(图3-2-4)。

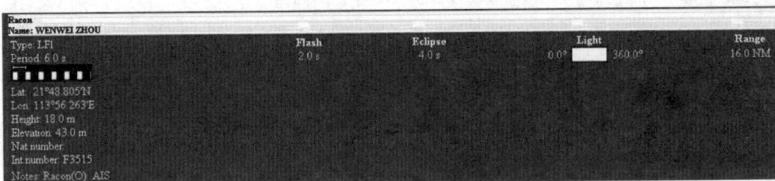

图 3-2-4　海图信息的查询

3.海图显示

（1）显示模式

①在常用工具栏中，NUP 是北向上模式显示，HUP 是船首向向上模式显示，CUP 是该航段航向向上模式显示（注意该模式仅在航线监视时可用）。

②在常用工具栏中，RM 是相对运动模式显示，TM 是真运动模式显示。

（2）显示背景

常用工具栏选择按钮依次是白天、黎明黄昏、夜晚无月光、夜晚有月光四个类别，根据当前场景进行设置。

（3）分层显示

正确设置分层显示可避免海图显示信息繁杂，详细信息参见项目二中的描述，可在分层显示控制窗口进行设置（图3-2-5）。

4.辅助显示

为增强电子海图的显示能力和效果，ECDIS 提供诸多辅助显示手段，帮助用户理解和判定当前的显示状态，更好地使用 ECDIS。辅助显示主要包括：指北符号、光标拾取、比例尺棒、经纬线、水深单位、比例尺索引、海图质量指示器、海图图例等。

（1）指北符号

ECDIS 可以采用多种显示方式，因此要求在电子海图上指示出相应的方向基准。指北符号应始终显示在海图的左上角，当显示方式不是北向上时，会旋转指北符号至真北。

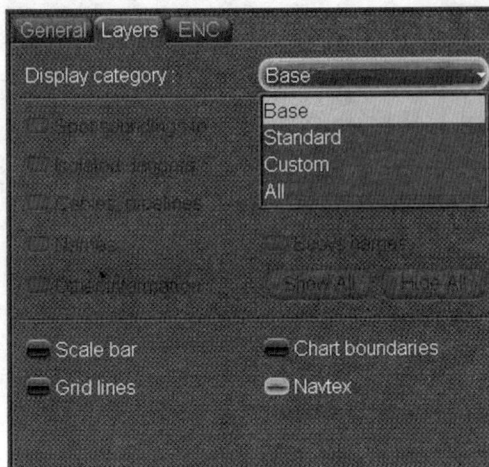

图 3-2-5　分层显示设置

（2）光标拾取

由电子海图数据模型可知,矢量海图数据是由空间和特征属性组成的,因此,通过空间可筛选查询某位置的物标及其特征属性。当光标点击在屏幕上的符号(如海图物标、本船、移动目标、船员注记等)时,可查询该符号代表物标的细节信息,如灯塔的名称、高度,灯标颜色、信号组、闪光节奏等。

ECDIS 还可通过光标查询显示某些特殊物标(如他船、航标等)与本船的方位、距离、CPA/TCPA 等相互关系。

（3）比例尺棒

由于 ECDIS 可以改变显示比例,为了保证用户能够准确、直观地了解本船与周围其他物标特别是危险物标的距离,以及帮助用户及时确定避让等操作时机,各型号 ECDIS

均可显示比例尺棒。

三、ENC 数据更新

及时更新 ENC 数据,能够确保 ECDIS 中航海信息的准确性,确保航行安全,也是 IMO ECDIS 性能标准的基本要求。

1. 自动改正

ENC 改正的信息源有两个:正式改正数据和手动改正数据。

正式改正数据是由官方 ENC 制作部门提供的数字形式的海图改正数据。在船舶航行时,可通过卫星通信线路将正式改正数据直接传送到船上。例如,使用 INMARSAT-C 的 EGC 广播,可向航行在某一海区的所有船舶发送 ENC 改正信息,船舶 C 站在接收到该信息后可自动输入 ECDIS,实现 ENC 的自动改正。

正式改正数据可以是 ENC 的再版、局部单元的替换或数字化航海通告,是以标准格式 S-57 来存储和传输的。船舶在港时,能够以软盘、光盘等为载体将正式改正数据提供给船舶,用户只需根据提示说明操作,便可实现 ENC 自动改正。

2. 手动改正

对海岸无线电警告、地方性航海通告/航运通告等非水道测量机构提供的海图改正信息,只能采用手动改正方式。

通过功能菜单手动打开改正操作窗口(图 3-3-1),可以根据需要增加点状物标、曲线、直线、文本、水深点,还可以对物标进行删除、更改、移动、恢复等操作。部分型号设备还可对所添加物标的时效、名称、详情、颜色、深度以及危险提示等内容进行设置(图3-3-2)。

图 3-3-1　手动改正海图界面

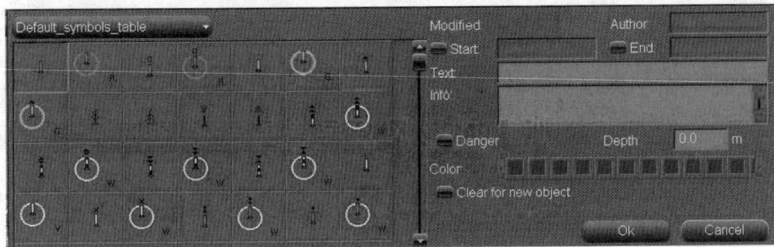

图 3-3-2　点状物标符号

手动改正比较烦琐、容易出错,一旦这些海图改正信息由水道测量机构通过官方 ENC 更新信息正式发布,尽快将官方 ENC 更新信息取代手动改正信息。

四、不同精度等级和数据类别的理解和误差的理解

1. 数据显示优先级(Priority layers)

ECDIS 处理的所有数据,包括海图信息、雷达信息和其他传感器的数据,都按照 S-52 进行了数据分层与显示优先

级管理。S-52 规定,ECDIS 应将数据至少分成 10 个优先处理等级(1 级内可以分为多层信息,1 层内可分为多种要素),分级信息如下:

(1)ECDIS 视觉警告/指示(如坐标系、深度基准面异常警告、显示比例大于或小于 ENC 原始比例尺的警告);

(2)国际水道测量组织(IHO)数据:点、线、面及正式改正数据;

(3)手工输入的航海通告和无线电航海警告;

(4)ENC 警告(海图上的警告和注意信息);

(5)IHO 的颜色填充区域数据;

(6)根据用户要求显示的 IHO 数据;

(7)雷达信息;

(8)用户数据(用户在电子海图上做的标注):点、线、面;

(9)ECDIS 制造商数据:点、线、面;

(10)用户的颜色填充区域数据。

在显示过程中,如果信息空间重复,应优先保证级别高的信息清晰且被完全显示,级别低的信息不能覆盖级别高的信息。雷达信息应具有显示/关闭控制开关。

2. 海图数据质量指示器(Chart data quality indicator)

海图数据质量信息是通过两个元物标的属性来实现的。对于测深数据,通过数据质量元物标的数据置信度区类属性(A1、A2、B、C、D、U 置信度区)来表达(表 3-4-1)。

表 3-4-1　海图数据精度

数据精度等级	ECDIS显示图式	位置精度	水深精度	测量范围
A1		±5 m +5%水深	0.5 m +1%水深	覆盖区域全部测量,特别是底质和水深
A2		±20 m	1.0 m +2%水深	覆盖区域全部测量,特别是底质和水深
B		±50 m	1.0 m +2%水深	覆盖区域未全部测量,可能有未标注的碍航物存在
C		±500 m	2.0 m +5%水深	覆盖区域未全部测量,水深异常可能存在
D		比以上的精度还差		覆盖区域未全部测量,水深异常可能存在
U		未评估,数据质量无法评估		

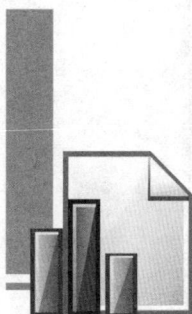

项目四
系统安全参数设置

一、本船参数设置

ECDIS 设备用于导航时,需要先设置好本船参数,在设计航线、航行监控等过程中,系统会把本船参数与航行环境以及计划航线数据进行关联,并且给出相应的航行提示和警报。需要设置的本船参数包括本船的基本参数和操纵性能参数,例如船名、呼号、船长、船宽、吃水、指挥点位置、定位天线设备位置、旋回半径、转角速率、进距等(图 4-1-1)。

ECDIS 可以根据所设置的本船参数以比例图形的方式显示本船符号,比例船型的大小是根据船长、船宽等参数和当前的海图显示比例尺换算求得的。

进行航线设计和航行监控时,系统可对本船旋回半径和航线转向半径进行对比,帮助驾驶员确定合适的施舵位置,

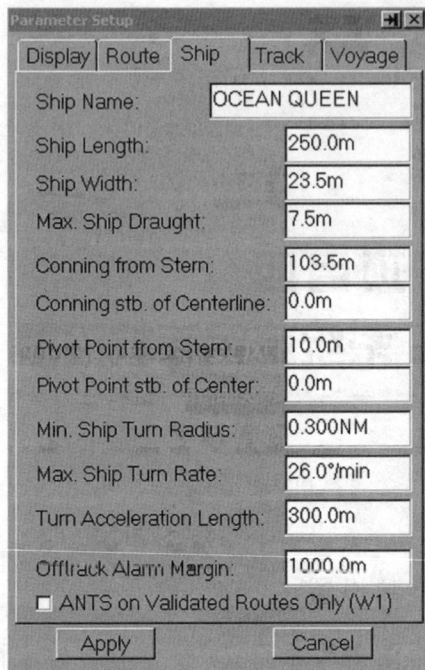

图 4-1-1　ECDIS 船舶参数设置

选取最佳转向时机,从而有效提高航行效率以及保证航行
安全。

　　本船基本参数是相对固定的,在 ECDIS 安装调试阶段
设置完毕,在船舶结构未发生重大改变时不应随意更改,部
分型号的 ECDIS 采取密码保护的形式来避免误操作。

二、安全监控参数

　　ECDIS 能够根据航海人员设置的安全监控参数检验航
线安全性,还能够进行航行监控,并据此给出相应的警报或警示。安全监控参数主要包括：

1.安全等深线

安全等深线是 ECDIS 判断船舶航行环境安全与否的重要依据，系统会根据所设置的安全等深线把海图航区划分为可能搁浅触礁水域和安全深度水域。当绘制的计划航线位于安全等深线较浅一侧水域时，系统会检测到航线缺陷并就该危险做出提示。在航行过程中，如果本船穿过安全等深线到达较浅一侧时，系统会发出搁浅警报。设置安全等深线数值时需要考虑本船吃水、富余水深要求、纵横倾增加吃水、船体下沉量、潮汐情况、底质、波高、海图精度、公司要求以及其他相关机构规定等因素。

ECDIS 默认的安全等深线数值为 30 m，设置本船需要的安全等深线时还应考虑相关海图中等深线的分布情况，如果所设置的安全等深线数值不能在 SENC 中显示，则该数值无法使用，系统会自动把安全等深线转换为下一个较深的等深线。

另外还应根据实际情况设置安全水深、浅水等深线、深水等深线数值，它们之间的关系如图 4-2-1 所示。

2.安全距离

设定距离特殊区域、危险物或航标的距离，用于判断计划航线是否距离上述区域物标过近，或者航行过程中船舶是否有进入特殊区域或碰撞的危险。

3.偏航报警距离

设置允许船位偏离计划航线的最大距离（图 4-2-2）。

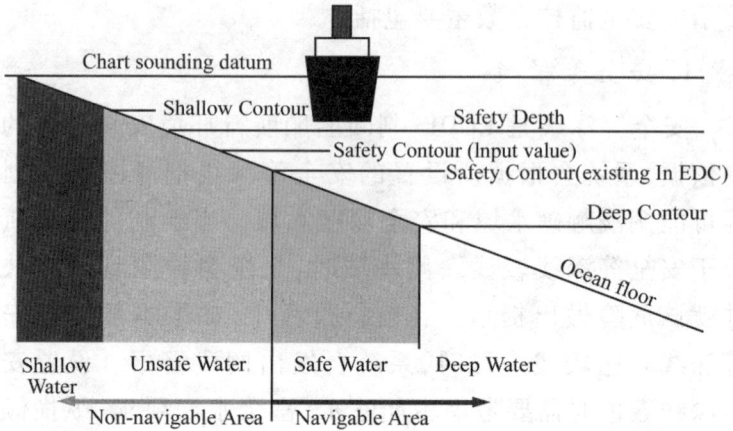

图 4-2-1　ECDIS 深度信息示意图

航海人员根据航行水域情况和本船操纵性能设置偏离航线的许可范围,在航道、狭水道航行时许可的偏离距离应小一些,开阔水域航行时可设置大一些,部分型号的 ECDIS 可分别设置左右偏航报警距离。

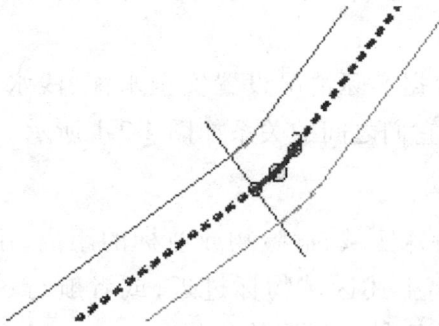

图 4-2-2　偏航报警距离

4.关键点预警时间

如航路点到达预警时间,系统根据本船航向航速预算出到达航路点所需时间,当该时间达到预警条件时系统会发出提示。

另外,ECDIS 还可设置安全时间、安全高度、锚位监控、碰撞预警等安全监控参数。恰当设置安全监控参数可以有效帮助航海人员识别航行风险,提高航行安全。如果设置错误,则会发生误报警或漏报警的情况,反而增大航行风险,需要谨慎对待。

三、系统安全参数检验

当使用 ECDIS 作为导航手段时,值班驾驶员应使ECDIS处于良好工作状态,需要经常检验系统安全参数设置情况,即与系统运行和海图显示等方面相关参数,例如:

(1)传感器配置

对传感器接口进行分配、设置,保证数据传输的通畅,如主、辅位置传感器的选用,陀螺罗经和磁罗经的选用,计程仪的选用,雷达的选用等。

(2)船舶警戒区

检查本船前后左右的警戒范围是否合适。

(3)显示背景

根据时间和环境选择切换白天、晨昏和夜晚模式。

(4)显示方向

北向上、航向向上、船首向向上。

（5）运动模式

真运动、相对运动。

（6）航迹显示的时间长度

设置本船航迹的显示长度。

（7）航行矢量线

检查本船或目标航行矢量线的显示时间长度设置。

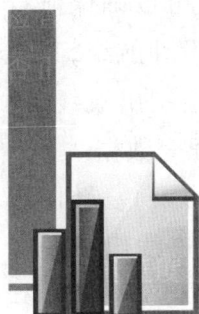

项目五
航线设计与航次计划

　　航线设计与航次计划是 ECDIS 具备的重要航海功能。在 ECDIS 中,航线设计与航次计划中的自动计算和自动审核功能不仅减轻了航海人员的工作强度,同时提高了工作效率和航行安全性。

　　在 ECDIS 中设计的航线首先需要设置安全参数,航线参数要与船舶参数匹配,系统能够根据所设置的安全参数检验航线安全性,以安全参数为依据进行航行监控,并据此给出相应的警报或警示。需要设置的数值包括安全水深、安全等深线、海图显示样式、偏航极限、转向半径、最大吃水等,详细信息参阅项目四所述。

一、转向点编辑

在航线设计中,确定合适的转向点,不仅可以确保航行安全,还可以提高航行经济性。利用 ECDIS 设计航线,只要输入转向点,ECDIS 就会自动在电子海图上绘制出航线,同时自动计算出各航段航向、分段航程及总航程等数据。

航线基本参数包括转向点(WP)和航段(Leg)。转向点是航线的基本内容,两个相邻的转向点及其连线组成一个航段,航段类型可以是恒向线或大圆航线。

在设计新航线前,对转向点的编辑支持图形编辑和手工输入坐标值两种方式,可以进行添加、修改、删除等操作。

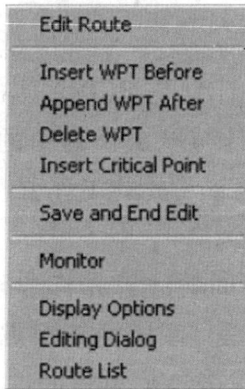

图 5-1-1　转向点编辑

1. 添加转向点

航线设计过程中可逐个添加转向点,也可在当前的转向点前或转向点后插入转向点。

2.修改转向点

可以在航线表中重新输入某一转向点经纬度或以图形编辑方式通过鼠标或滚球移动所选转向点。

3.删除转向点

可以在航线列表中或以图形编辑方式删除所选转向点。

需要注意的是,转向点一经变动,其关联航段数据自动随之变动。

二、航线信息查询、显示和打印

ECDIS可以存储若干条航线,暂时不使用时可以隐藏保存,使用时可从航线管理菜单中调用,调用的航线会显示在海图上,并且显示对应的航次计划列表(图5-2-1)。

ECDIS中的转向点和航线按识别码存储。转向点对应的数据包括:名称、位置、转向点等待时间、旋回半径、偏航界限、航速等。这些数据都可在航次计划列表中查询到(图5-2-2)。

在航线管理菜单中包含了航线名称、航线状态、是否验证、创建航线时间等航线信息。选中某条航线可以设置为显示、隐藏、编辑、监控或停止监控等状态,也可根据需要打印出某条航线的航次计划表。

图 5-2-1　航线信息

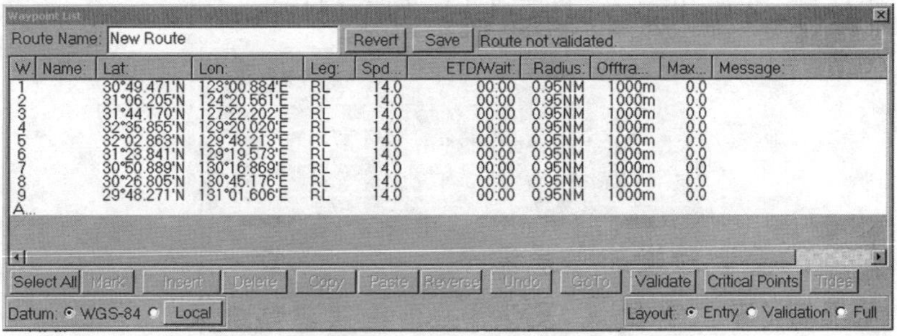

图 5-2-2　转向点列表

三、航线安全性检验

航线设计绘制完成后,ECDIS 将依据系统内的海图数据和预先设定的安全参数对航线进行检验,一方面要检验航线本身是否合理可行,另一方面要判定航线及其附近是否存在航行危险。

1. 航线检验

一条航线由若干转向点和转向点间的各航段构成。在转向点附近,ECDIS 会根据船舶操纵特性(如旋回半径等)将船舶的旋回路径准确地标绘、显示出来,以辅助船员完成转向操作。同时,ECDIS 将根据船舶操纵特性判定船舶能否完成计划航线中的某一转向。如果转向无法完成,系统会发出提示信息,直到该转向被修正至可行为止。

2. 电子海图类型和内容的检验

一旦确认航线本身是可行的,ECDIS 将进一步根据电子海图数据检测航线及其附近是否存在危险物或其他不合理

的情况,并给出警示(图5-3-1),如下列情况:

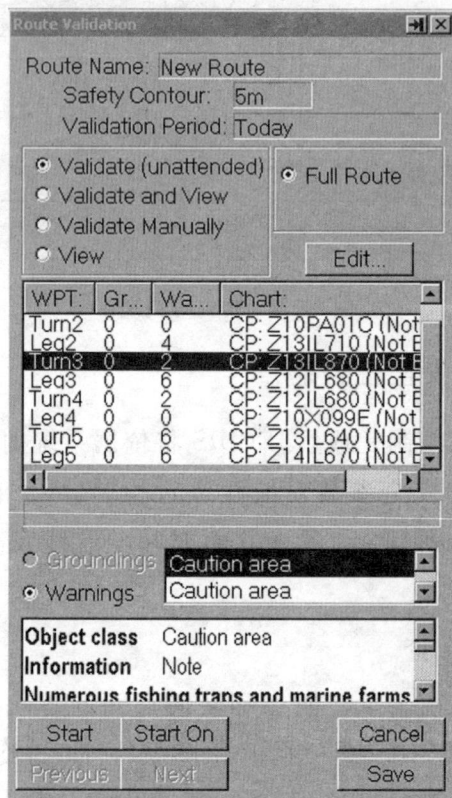

图 5-3-1　航线检验

（1）缺少海图:某航段处缺少海图单元覆盖,无法进行航线检验。

（2）光栅电子海图:某航段处电子海图数据为光栅电子海图,无法充分对航线进行检验,应结合纸质海图使用。

（3）非官方海图:系统在某航段处缺少标准的官方 ENC

数据,此处不能使用电子海图引导航行。

（4）穿越特殊区域:当通过某航段可能影响航行安全或存在特别规定的特殊区域时,系统发出报警信息。

（5）部分船员标绘内容:如船员强调的危险物、避免进入的水域等。

3.设置参数的检验

在航线检验的过程中,ECDIS 根据相关安全参数对航线及其附近进行检测,并给出报警或警示。

（1）穿越安全等深线警示:当船舶沿计划航线航行可能会进入浅水区,存在搁浅的风险,系统会发出警告提示信息。

（2）浅水点警示:航线附近存在小于安全水深的浅水点。

（3）临近危险物警示:航线与附近的沉船、障碍物、浮标等之间距离小于设定的安全值,提醒检查确认。

此外,在架空障碍物的净空高度小于安全高度时,可以设定安全高度的 ECDIS 也会给出警报。

部分型号的 ECDIS 可以在航线编辑的同时对航线进行检验,也可以在航线编辑完成后再检验。有些 ECDIS 可以对整条航线进行检验,也可以对航线中的部分航段进行检验。有些 ECDIS 会以显著符号(如红色的星形标记)在海图显示区对应强调显示船员选中的某一检验结果。船员应根据航线检验结果,结合海图信息和相关资料调整航线,消除不合理的航路点或航段,以保证航行安全。

四、航次计划表

一份周密详细的航次计划覆盖了整条航线从泊位行驶到泊位的所有过程,包括引航水域。使用 ECDIS 时,主要是在考虑航路条件、船舶条件、水文气象条件、人员配置条件等基础上绘制计划航线,然后对航线进行自动检查和人工检查,以确保计划航线满足安全、经济的需要。制订航次计划时,还应充分考虑到潮汐的变化、船舶避碰等引起的偏离预定航线的情况,以及应急预案(如避离台风等)。

1. 航次计划参数

ECDIS 中航次计划参数主要包括每个转向点及航段的开航时间、停留时间、航速和预计抵达时间(图 5-4-1),各参数含义如下:

(1)预计开航时间(ETD)

一般只应用在航线的第一个转向点上,精确到分钟;

(2)预计停留时间(STAY)

在转向点处预计停滞的时间段;

(3)航行速度(SPEED)

一般表示当前航段的预计航行速度。

(4)预计抵达时间(ETA)

到达转向点的预计时刻;

上述四个参数具有逻辑条件推导性,如当某转向点具有了预计开航时间且航速确定,则可获取这个航段的预计抵达时间。

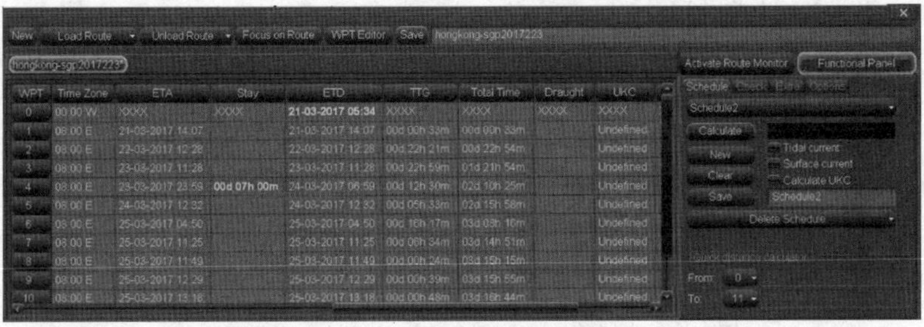

图 5-4-1　航次计划表

2.航次计划编制

航次计划编制是指对航次参数的设定与综合计算的过程,分为新计划创建和已有计划修改两种。

当绘制完成计划航线并设置好关键航次计划参数后,即可生成完整的航次计划表。如需对以前保存的航次计划表进行修改,只要在航线管理菜单中调用航次计划表,进入编辑模式即可修改相关内容。

3.航次计划管理

ECDIS中针对航次计划主要有如下管理功能:

(1)创建新计划

针对选择的某航线,进行新的航次计划编辑;

(2)计划查询与修改

打开已有的计划,查看并可以进行计划编辑;

(3)计划删除

过期的计划、作废的计划,应该及时删除,避免占用系统空间,影响工作效率;

（4）计划打印

ECDIS 提供航次计划打印功能，相当于传统的报给船长的航次计划报告。

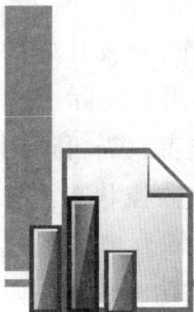

项目六 航行监控

　　航线设计好之后，船舶需要沿着预定的航线航行。ECDIS具备实时监控船舶是否沿着既定航线航行的能力，如果发生超过预定量的偏航，应发出警报，提醒船员船舶已经偏航。另外，如果到达转向点、船舶前方存在危险物和经过需要提醒的预定区域等特殊需要加强警戒的区域，ECDIS也可以发出警报。航行监控就是利用电子海图显示平台，综合显示水深、船位、海图信息、航向、航速、叠加雷达信息等，针对本船实时位置和航行趋势进行实时动态显示与监视报警，保证航行安全的电子瞭望手段。

一、监控航线的选择和检查

　　航行监控主要围绕航线监控（Route monitoring）展开，

ECDIS 中的航线监控包括监控航线的选择、备用航线的考虑以及为获得良好视觉效果对被监控航线的显示控制。

1. 监控航线的选择

为了方便航行需要,减少船员的重复工作,对设计好的航线,ECDIS 允许保存、拷贝转移和再次调用。实际工作中,如设计好的航线已经预存在系统中,操作者只需再调用该航线,并在监控界面加载该航线,即可进入监控状态。有些甚至不用调用航线,直接在监控界面选择需要监控的航线即可直接监控该航线。需要说明的是,ECDIS 只允许监控一条航线,这也是符合实际逻辑的。一条船不可能也不需要同时监控两条航线。如图 6-1-1 所示,在 Route monitoring(航线监控)菜单里航线调用列表,选择预存好的航线即可进入监控状态。

图 6-1-1　航线监控菜单

2. 监控航线的检查

同一始发港出发的航线往往不止一条,特别是国际重要港口作为始发港的航线。为确保已经监控的航线是本航次所需的航线,需要对所选航线进行必要的检查核实。处于监控状态下的航线,操作者根据航次任务的要求仔细核对,出发港、挂靠港以及到达港等信息确认所监控航线的正确性。如图 6-1-2 所示,监控中的航线是一条加粗的橘红色实线。

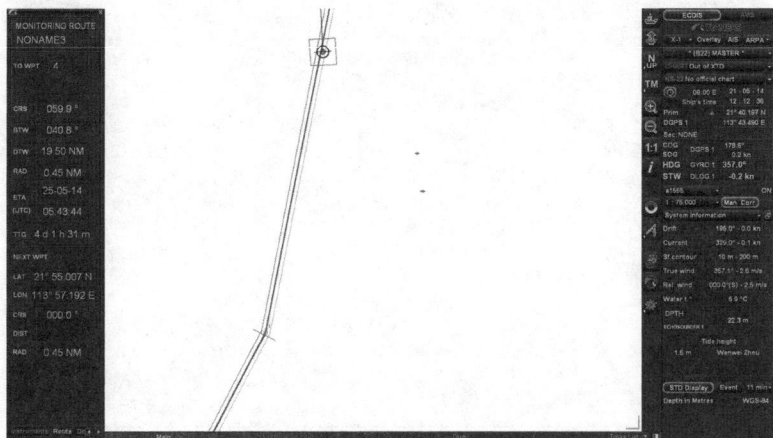

图 6-1-2　监控中的航线

二、航行监控信息的理解

1.监控航线基本显示

处于监控中的航线通常被突出显示,以明显区别于海图上的其他物标的颜色,见图 6-2-1。

（1）颜色:一般以红色为基本色调;

（2）线型:通常用比设计航线粗一倍的实线或点画线;

（3）从第一转向点（记为 0 或 1）开始递增的顺序标号,并用特殊标记（如菱形）显示下一个转向点。

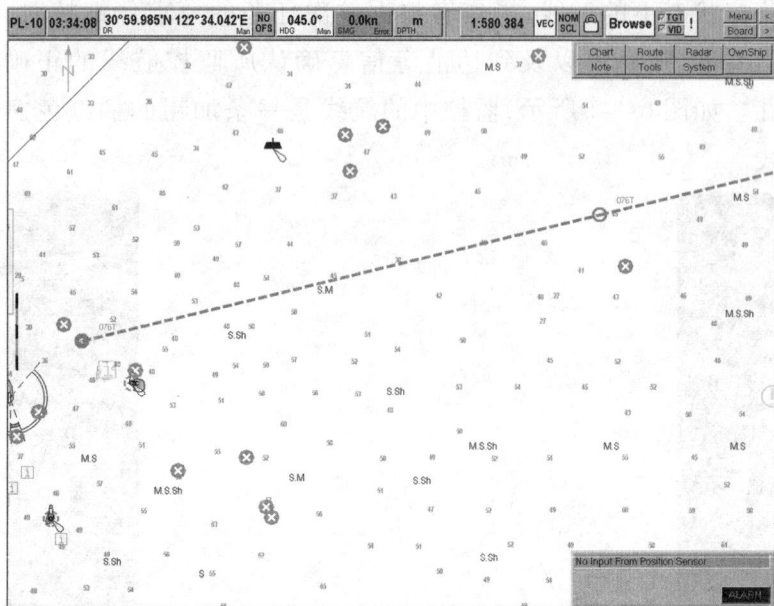

图 6-2-1　监控状态下的航线

2. 监控航线状态显示

为方便航行监控,被监控中的航线上显示了航线、航行计划的基本信息,包括转向点、航段上控制显示航线计划和航行辅助控制相关参数(不同的 ECDIS 开发商提供的内容可能不同),主要包括:

(1)转向线(弧):可根据需要显示各转向点处的施舵点及根据旋回半径所画出的转向弧线;

(2)累计航程:各转向点距离第一转向点的累计航程或剩余航程(可选择显示);

(3)航段信息:相邻两转向点之间的航向和航程;

（4）航次计划信息：转向点预抵时间、计划航速等；

（5）偏航带：在航线左右两侧，以偏航距离为宽度标绘出特定颜色或填充样式的带状区域。

3. 备用航线

ECDIS 可选择一条备用航线作为补充，以备应急时替代监控航线。

4. 实时航行状态信息

ECDIS 的显示屏实际上是一个综合信息的显示平台，以电子海图显示为基础，在此基础上可以同时显示出船位、航向、船速矢量等所有能数字化的导航信息，并且可以叠加雷达、AIS 等信息。上述信息可以通过显示控制，实时给出本船的航行状态信息。因此，操作者可直观地观察和判断船舶是否偏离计划航线，航行前方是否存在危险，并且可以通过设置报警参数，实现提前报警。需要注意的是，ECDIS 显示的航行状态信息来自 ECDIS 的主定位设备，所有的航行运算也是基于该主定位设备，而辅定位设备只显示轨迹以提供主辅二者的比较。

航行状态信息可以从海图界面上直接看到符号表达，也可以从附加的窗口中显示出具体的量值，主要包括：

（1）本船（Ownship）

以本船符号或经纬度坐标显示。本船符号包括基本符号和比例船型两种。

①基本符号是以本船船位为中心的黑色双圆圈 ⊕（在

表示库中有定义),并带有船舶横向线来表示船舶的型体横向。在当前海图显示比例尺下换算所得的本船显示长度小于 6 mm 时,使用基本符号显示本船。

②比例船型是按显示比例尺对船长和船宽进行屏幕尺度换算,以简单的 5 点模型构筑成一个对称的船型 ⬚⬚。显示的基点是根据本船的定位设备位置设置,换算得到本船的船中点作为船型的图形中点。值得注意的是,是否能够准确地换算得出图形中心,需要船员在使用 ECDIS 时能够设置定位设备天线在船上的准确位置。比例船型在近岸、狭水道或靠泊航行时可直观地显示船舶外部边缘与周围水域环境的关系,有助于直接进行操船判断和决策。

(2)定位时间

在航行轨迹上有每个定位点的定位时间(可能存在刷新周期的误差)。

(3)历史轨迹

可以控制显示船舶航行过后的历史轨迹,包括主航迹和辅助航迹;可以控制显示的历史轨迹时间段长度和轨迹点之间的时间间隔。在本船当前位置后显示设定时间段内的本船的历史轨迹,方便船长查看 12 h 内的历史航行情况。整个航次的航行情况,可以通过航行记录中的回放功能实现查看。

(4)航向

在船舶符号处以矢量线形式或在特定位置以数值形式显示。

（5）船首向

以罗经北为基准，在船舶符号处以矢量线形式或在特定位置以数值形式显示。

（6）航速

在船舶符号处以矢量线形式或在特定位置以数值形式显示，可以控制显示为对地或对水航速。

5.航线状态查询

在相应窗口中可查看被监控航线的实时状态（图6-2-2），如当前转向点信息（编号、预抵时间、航程等）、下一转向点信息（编号、航向、计划航速、预抵时间或剩余航时、航段距离等）。

6.航行预测

ECDIS可以根据预设的航线计算出各航段的航程，并可以根据预设的航速和实际航速计算出到达各转向点的时间。

（1）转向点预抵时间推算

若以设定航速航行，预计何时抵达某地时，可选择转向点，输入预计航速（可以是当前实际航速，也可以是前一段时间的平均航速或航线设计阶段设定的计划航速），ECDIS即可算出沿监控航线航行到该转向点的预计抵达时间（图6-2-3）。

（2）转向点航速推算

若已知抵达某地的时间，预计本船应采用多大航速时，可选择转向点，输入预计抵达时间，ECDIS即可算出沿监控

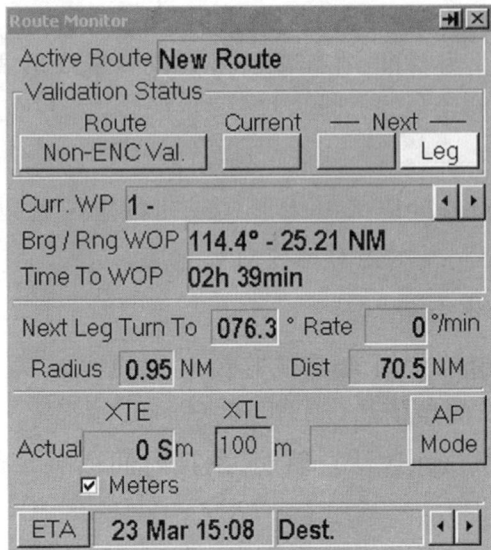

图 6-2-2　航行监控信息

航线航行到该转向点应采用的航速。

三、AIS 和雷达信息的避碰应用

1. ECDIS 在 AIS 中的应用

AIS 即通用船载自动识别系统,它可以周期性地发射和接收船舶的静态信息(如船舶 IMO 编号、船舶国籍、呼号、船名等)、动态信息(如船位、对地航速、对地航向、航行状态等)以及与船舶有关的其他信息(如船舶吃水、危险货物种类等)。凡配有 AIS 的船舶都可以接收到这些信息,并可以在 ECDIS 上显示出来,AIS 可以向航行船舶提供所在航行区域的实时交通动态和相关信息,最大限度地避免船舶碰撞,

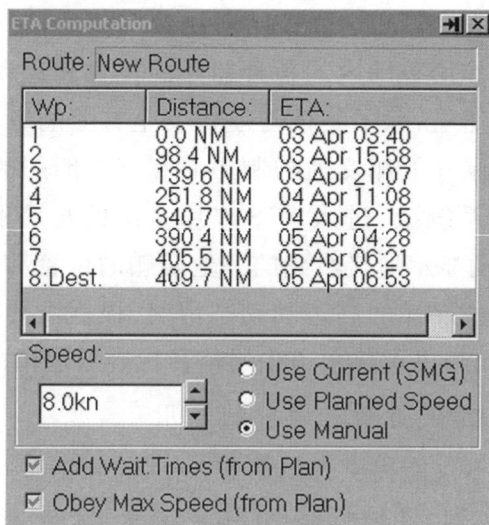

图 6-2-3 航路点 ETA

提高海上搜救的工作效率。

　　AIS 能够与其他传感器相连,以便自动地从这些传感器中输入数据,其外部终端是 ECDIS。叠加了 AIS 信息的电子海图,使船舶能将自己的导航信息和其他船舶的信息显示在电子海图和雷达显示器上,提高了所有船舶的视见度及动向的明显性,解决了恶劣天气或雷达信号覆盖不到的区域中船舶的监控问题,同时也避免了船舶避碰过程中由于语言不通无法协商而引起误解所导致的碰撞等问题的出现。

　　2. ECDIS 在 VTS 中的应用

　　VTS 即船舶交通服务系统,是为了提高海上船舶航行安全与效率而建立的,ECDIS 的出现,使 VTS 向数字化导航广播服务方向发展。VTS 监控站通过数字化通信网络把在船舶交通管制作用范围内的各种船舶的位置和运动情况通报给所有有关船舶,除了其他与航行安全有关的事项之外,这一信息被显示在船舶交通控制中心和有关船舶的电子海图显示与信息系统上,进入 VTS 作用范围的每艘船舶的 EC-DIS 能够自动显示所接收到的其他船舶的位置和运动情况,并能查询这些船舶的静态和动态情况,根据需要,与他船建立通信联系,解决了狭水道中通信目标容易混淆的问题。

3. ECDIS 在船舶避碰中的应用

ECDIS 不仅能提供海图信息(水深数据、海底危险物情况、离岸距离等)和航行信息(本船位置、航向、航速等),而且还能适时提供海上移动目标的动态信息(目标的航向、航速、方位、距离、CPA/TCPA 等),因此,我们制订避碰方案时,可通过 ECDIS 检测避碰方案的可行性,检测本船的航行安全性。

4. 目标叠加

雷达图像(Radar video)、雷达跟踪目标和 AIS 目标可以叠加显示在电子海图界面中,海面上固定和移动物标可直观地显示在本船周围,便于会遇态势判断和操船效果判决。如果是近岸航行,还可以根据岸线回波与海图岸线的重合程度,来判断船位的准确性。

(1)雷达图像、雷达跟踪目标

雷达跟踪目标一般采用圆点或圆圈表示。雷达

图像、雷达跟踪目标的叠加显示,便于直观判断。但由于误差的原因,在使用叠加功能时须注意以下问题:

①由于雷达设备的天线参考点不同或主定位系统误差,可能造成图像与海图物标不完全重合;

②由于本系统和雷达的扫描周期不同,造成目标相对位置位移和本船航行矢量线不重合。

(2)AIS目标

AIS目标在ECDIS上一般采用等腰三角形显示,尖头方向表示目标的形体纵向。如 △、△、△、△,其中第一种符号代表休眠目标,第二种表示活动目标,第三种表示锁定目标,第四种表示目标丢失。

AIS接收到的他船AIS数据叠加显示的应用场景如图6-3-1所示,可以利用该信息作为避碰决策参考,但因各种误差和信号周期不同,需要注意以下问题:

①由于本系统扫描周期和AIS信号发送周期不同,可能造成AIS目标与ARPA目标不完全重合;

②由于他船定位系统有误差,导致他船位置显示有偏差。

此外,ECDIS还提供AIS操作功能,即可以在ECDIS上实现AIS的基本操作,包括消息接收和发送功能,他船发来的AIS消息可显示在电子海图上,在电子海图上可直接回复,可单发,也可群发。

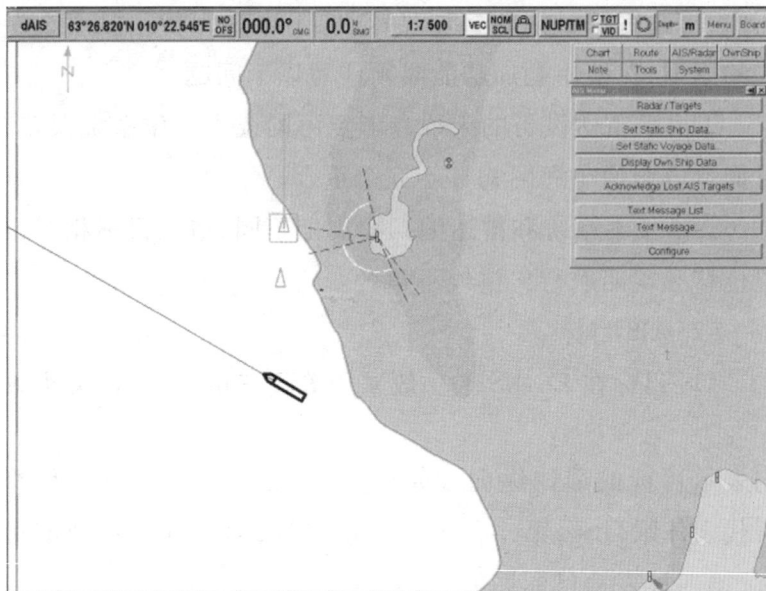

图 6-3-1　ECDIS 的 AIS 目标

5.船位修正

当定位系统或海图数据存在误差时,可以通过平移本船(包括目标)在海图上的显示位置来调整目标在海图上的正确匹配(假定海图可靠),从而获得正确的本船、目标与海图的相对关系,使航行显示、监控、运算在比较小的误差基点上进行。船位调整方法包括:

(1)利用 ARPA 目标:如果某 ARPA 目标相对海图某位置的关系明显可见,则可以通过移动该目标到该海图点位的方法来进行本船船位调整。例如,某 ARPA 目标实际停泊在某码头的顶点边缘处,而现在的显示却在该码头的中央,说明本船位置存在误差;忽略定位设备(如 GPS)位置与雷达中心的误差,通过输入船位误差校正本船船位,使该 ARPA 目标移动到海图的顶点边缘处。

(2)利用已知船位:如果已知本船所处的实际海图位置,则可用鼠标将本船拖曳到该位置进行调整。

(3)取消调整:船位调整后,ECDIS 以显著标记警示。不需要该船位调整时,应该及时取消已进行的船位调整。

四、航行报警、传感器报警和系统报警的理解

1.参数设置

ECDIS 报警除了传感器连接报警和其他系统内置报警外,大多数航行监控报警都需要根据用户的报警参数设置、选择的监控航线等进行规定的报警计算和提示。需要设置的监控内容主要包括安全参数和报警参数两种。

(1)安全参数

本船的安全参数,除了可控制海图显示样式(如双色水深区、四色水深区、水深强调显示等)外,还可用于对航线进行有效性检测、航路监控的安全计算与报警提示。不同的系统参数设置有所区别,常见安全参数包括:

①定位设备配置:主定位设备、辅定位设备的连接,如选择连接主 GPS 或辅 GPS 或采用航迹绘算(DR)等;

②安全水深:用户可以根据本船实际情况设定,默认为 30 m;

③安全等深线:用户可以根据本船实际情况设定,默认

为 30 m;

④安全距离:用于判断碰撞或搁浅危险;

⑤安全高度:用于判断通过桥梁或架空电缆是否安全;

⑥警戒矢量:用于判断目标是否处在本船的警戒方向范围内;

⑦警戒圈:用于判断目标与本船距离是否在警戒距离范围内。

(2)报警参数

船舶可能触碰海图上固有的危险物、搁浅等的报警信息,根据安全参数设置,由 ECDIS 自动判断,其他报警参数和报警条件需由用户自己设置。报警参数和报警条件的设置分布在航线设计、本船参数、系统参数、航行监控各项功能中。报警参数主要包括:

①开关报警

通过控制打开或关闭来决定是否进行报警,如声音、偏航报警距离(XTE)等。

②特殊区域报警

通过选中对应需要报警的区域打开报警设置,不选则关闭该报警设置。如穿越限制区、转向点提前报警、穿越安全等深线、锚位检测等。

③自动报警

设备故障、海图有效性,这两类报警属于设备及海图固有风险报警,也是最危险的报警,一般不需额外设置。

有些报警的条件与报警参数需要分别设置,如偏航报警

距离在航线设计时设置,而报警要在报警参数的偏航报警
开关是否打开时设置。

2.报警与警示

报警(Alarm)是指利用音响方法或视听手段告知一个
需要注意的事项的一种警报或警报系统。警示(Warning)
是指给出系统或设备有关状况的信息的一种可视性指示。

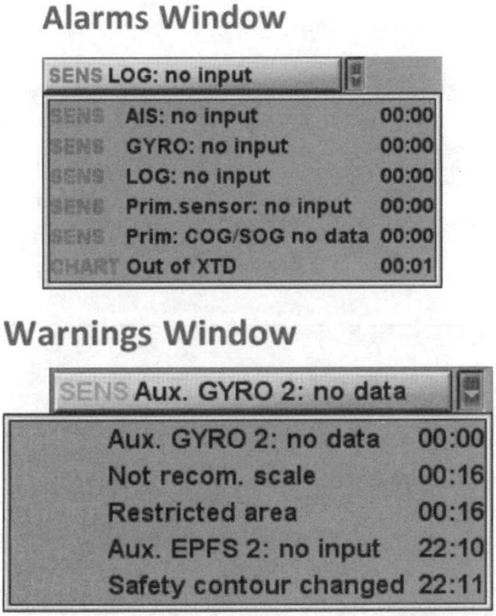

Alarms Window

Warnings Window

图 6-4-1　报警信息和警示信息窗口

报警信息是紧迫的,需要立即给予确认的,警示信息往
往是辅助设备警示信息,与报警信息的紧迫性比较而言,其
可以相对稍后予以关注。如图 6-4-1 所示,上面为报警信
息,下面为警示信息。

ECDIS 中的报警与警示主要有四种类型,包括海图报警

与警示、设备报警、航行预警和航行报警以及基本与之对应的警示信息。

（1）海图报警与警示

ECDIS 关于海图的报警，是由 S-52 标准规定的自动求算报警，是对航行安全的一种保护性报警或警示。ECDIS 一般会在明显的位置以文本形式显示当前显示海图的性质（ENC、VEC 或 RNC），以黄色背景表示有报警或警示，如图 6-4-2 所示。

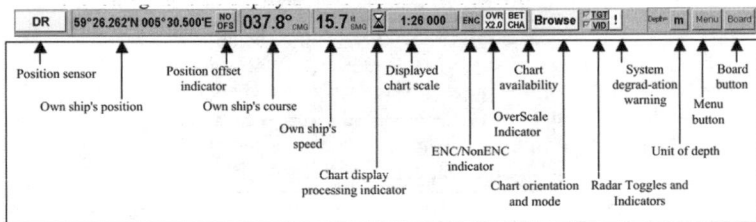

图 6-4-2　报警与警示

①比例尺超大或超小

当前海图显示的比例尺大于或小于海图的原始比例尺。此时，显示的空间尺度图形在海图原始空间尺度基础上进行了一定程度的放大或缩小，可能造成用户视觉上的空间判断失误，如图 6-4-3 所示。

②非官方海图

当前显示的海图数据为非官方来源。若有限的非官方数据添加到官方数据中一起混合显示以增加海图信息，则非官方数据应按照 S-52 相关标准特别显示。若同一水域既有官方数据又有非官方数据，而用户可能选择显示非官方

Chart Scale Status

ITEM	COMMENT/ Format
Chart status	**OVR X2.0** Overscale by factor of 2.0
	NOM SCL Nominal scale
	UND SCL Underscale
	When clicked: Reset to automatic selection (in monitoring) or zoom to largest scale available (in browsing)

图 6-4-3 显示比例尺状态

数据,或者海图显示区内两水域分别使用官方数据和非官方数据,则 ECDIS 应提示显示内容为非官方数据,并建议参阅官方 RNC 或纸质海图,同时在海图显示区内标明非官方数据的范围。若海图显示区内所有数据均为非官方来源,则仅需给出提示即可,如图 6-4-4 所示。

③无海图数据

当前显示范围内有些区域无海图数据。在没有海图数据的区域,ECDIS 将无法进行一切依赖于海图数据的航行监控。

④无矢量海图

当前显示的区域中存在光栅海图。由于光栅海图不具备运算能力,此时,虽然能够进行视觉的海图监视,但 ECDIS 无法进行一切依赖于海图数据的航行监控。

(2)设备报警

ENC/NonENC Indication

ITEM	COMMENT/ Format
ENC / Non-ENC indication	**ENC** Display shows ENC chart.
	ENC/VEC Display shows both ENC chart and Non-ENC (vector) chart
	VEC Display shows Non-ENC vector chart.
	RNC Display shows Non-ENC raster chart.
	Clicked: Display chart types dialog.

图 6-4-4　官方或非官方海图提示

通常情况下,ECDIS 会在显著的位置给出其连接的主定位设备信息(如 GPS、DR 等),在报警或警示情况下为红色或黄色,正常颜色为框体颜色(如灰色),当出现报警文本时,会弹出信息内容:

①连接故障:设置了连接,但未检测到连接的设备;

②运行故障:连接的设备无信号或其他故障;

③数据错误:传递的数据无法正确解析。

(3)航行预警

ECDIS 根据本船当前的航行状态,结合电子海图数据对未来的趋势进行预测,以防止可能出现的危险局面。

①CPA 报警

在设置了最近会遇距离 CPA 和最近会遇时间 TCPA 临界值后,ECDIS 将根据本船与所有其他各目标船的航行状态,逐个计算与本船的会遇局面。如果达到会遇紧迫局面时,即 CPA 和 TCPA 同时进入设定的临界值范围内时,就会给出预警信息。

②限制区域报警

对电子海图标示的特定区域或危险区域,可预先设置提前报警的时间。ECDIS 根据本船的航速和航向,判断本船是否可能进入某限制区域,在可能的进入点处会闪烁显示一个符号。

③碰撞报警

对危险物,如沉船、障碍物、水上标志(浮筒、浮标等),可预先设置安全距离。ECDIS 根据本船的航速和航向,判断与本船周围危险物的距离是否小于安全距离、本船的航行趋势是否接近该危险物。若存在碰撞趋势,给出预警信息,并在危险物处会闪烁显示一个符号。

④转向点提醒

设置抵达下一转向点的提前报警时间。到了预定时间,ECDIS 给出报警,提醒驾驶员及时转向。

(4)航行报警

①船位丢失

航行监控中,当使用海图漫游模式或其他操作导致本船船位不在显示器屏幕内时,ECDIS 会显示船位丢失的报警提示,此时,可以通过确认该报警信息或操作船舶监控模式(本船居中),将本船符号显示到监控屏幕内。

②偏航报警

当本船船位偏离计划航线的距离大于预设的距离限定值时报警。一般情况下,偏航报警是自动进行的,但部分型号的 ECDIS 设备会提供开关功能,由用户自行选择是否报警,部分型号设备可能需要输入保护密码。偏航报警距离限定值可以各航段不同,也可以采用统一默认值。

③偏向报警

当船舶航行的方向与当前航段方向线之间的夹角超过了设定的报警参数偏向角度值时报警。偏向报警属于量值报警类型,当偏向报警角度值不等于 0 时即开启了偏向报警功能。

需要注意的是,偏向不等于偏航,它只是提示当前的航向与计划航向不同,有偏航可能。

④航行超时报警

开航前,可在 ECDIS 上预定航速和开航时间,自动计算各转向点的 ETA 形成时间表。实际航行时,如果时间与预定时间相差较大(如 10 min),则触发报警。

⑤距离报警

航行中,有时需要监测本船与某地理位置点的距离。在 ECDIS 上,首先选择要监测的某地理位置点,设置输入提前报警提示的距离限定值,启动距离报警功能。航行中,如果本船与该点距离超过限定值,自动给出报警提示。ECDIS 中可以设置 2 个目标的距离报警。

⑥方位报警

航行中,有时需要监测本船与某地理位置点的方位。在

ECDIS 上,首先选择要监测的某地理位置点,设置输入提前报警提示的方位限定值,启动方位报警功能。航行中,如果本船与该点方位超过限定值,自动给出报警提示。ECDIS中可以设置 2 个目标的方位报警。

⑦超速报警

在限速的水域航行时,可通过设定超速限制提醒本船是否超速。

⑧走锚监测

锚泊时设定锚位和走锚监测半径,当本船漂移出监测圈(船位在监视圈外)时,ECDIS 给出走锚报警信息,警告本船已经走锚。

⑨定时提醒

定时提醒如同闹钟报时。ECDIS 可提供两种定时提醒功能,一种是一次性定时报警,即设置一个时刻,当时钟到达该报警时刻时即启动报警提醒。另一种是周期性报时提醒,即设置报时开始时刻和周期间隔,当时钟到达设置的开始时刻时,即给出报警提醒,此后每过一个周期,就报警提醒一次。

⑩锚位指引

设置抛锚点坐标,启动本功能,即在抛锚点处画一个锚位符号,在本船与抛锚点的连线上显示到抛锚点的方位/距离,指引操船。

在实际应用中,可以利用该功能实现一些带标引性的任务,如本船与某海图物标点的方位/距离跟踪运算、航行过程中对某特定水域的进入监视等。该功能在雨雾或夜晚，或在船舶密集的港区进入锚地时使用特别方便。

⑪落水监控

也称落水救捞，在 ECDIS 中标记为"MOB"（人落水）。该功能是 ECDIS 强调实现的功能，能一键式启动，相当于"紧急按钮"。启动该功能时，ECDIS 立即以当前船位作为落水位置，随即打开特定窗口，监控落水物与本船的相对位置关系，辅助船舶的救助操作。

3. 报警处理

ECDIS 产生的报警及其提示信息，有些能够在报警条件变为不满足报警条件时自动解除，有些则会一直在界面上显示（这种情形可能会造成显示混乱或影响视觉效果），需要船员确认，以示该报警已经被知晓，危险已被处理，才能取消提示或显示。

五、应对特殊情况

ECDIS 系统提供多种应对特殊航行状态下的辅助操作，包括靠泊操船、人落水、搜救操作等特殊情况下的电子海图辅助操船。

1. 靠泊操船

该模式是帮助船员靠离泊操船、限制水域操船。进入这种模式（图 6-5-1），屏幕顶部会显示"Alarm Mooring Mode"字样，同时相关报警声音被关闭。当靠离泊模式打开，航海日志中会自动记录一个"Mooring Mode On"事件。系统会显示更大比例尺的海图,本船符号变为船型比例显示。系统会给出船首、船中和船尾三个速度,方便操船判断。

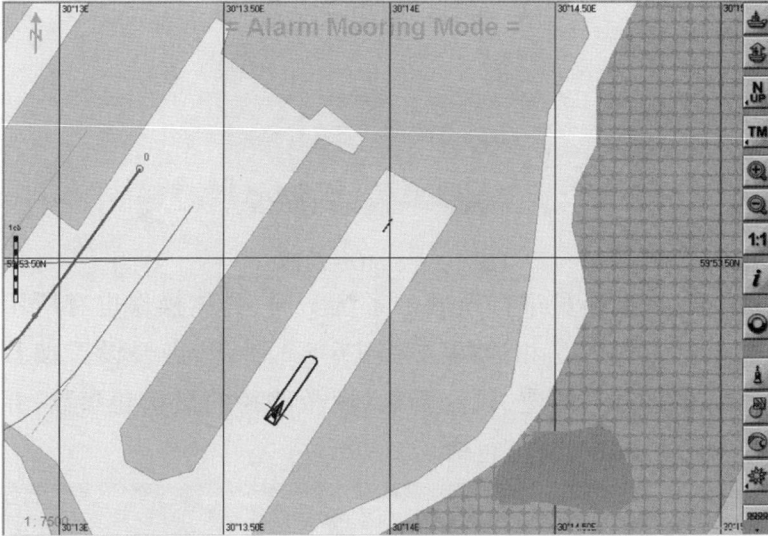

图 6-5-1　靠离泊模式

2.人落水模式

MOB 模式启动系统在启动时会在本船位置处添加一个标志,代表落水者的地点。启动人落水模式通常有若干个实体按钮和屏幕上虚拟按钮,如系统硬件上的独立按钮、系统软件界面上按钮(图6-5-2)。当启动 MOB 模式,系统会自动在航海日志上记录一个“MOB ENABLED”事件和相关记录参数。

3.搜救模式

ECDIS 具有搜救模式,通过简单的设置可以快速生成搜

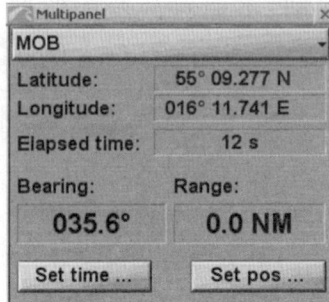

图 6-5-2　MOB 功能

救路径,帮助船员进行搜救。系统不同,具体操作也有所不同,但基本设置是相通的。如图 6-5-3 所示,需要设置搜救开始位置坐标、航速、风流要素、搜救路径的形状和参数,并且要求对搜救航线进行命名。

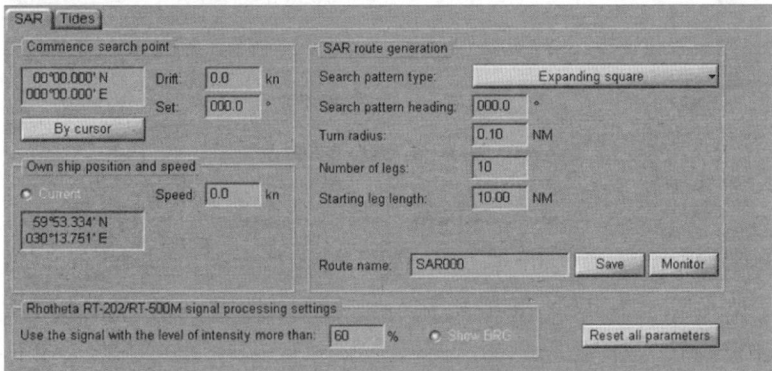

图 6-5-3　搜救模式

相关参数设计好后,生成的航线如图 6-5-4 所示,该航线生成后自动被激活(处于监控状态)。

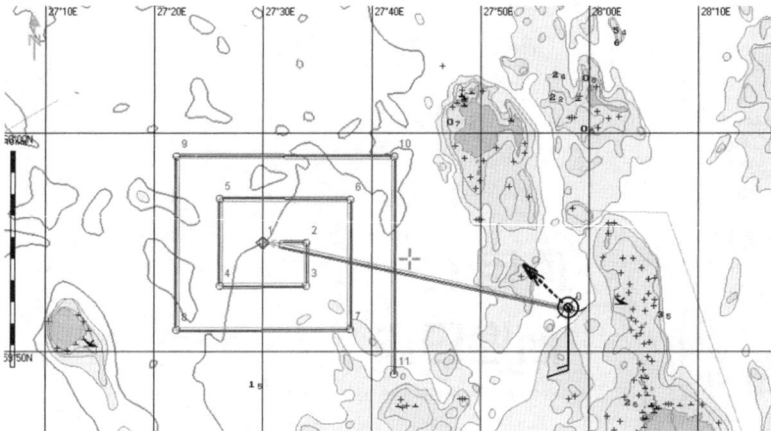

图 6-5-4 搜救航线

项目七
航海日志

传统的纸质海图,需通过人工方式将航行的基本情况记入航海日志中。与传统海图相同,ECDIS 也要求进行航行记录且能再现航行轨迹,并通过自动方式进行。

一、航行记录

VDR 记录的整个航程的各种航行信息包括雷达、AIS、海图、驾驶台音像资料等全方位的信息。与 VDR 不同,ECDIS记录的信息主要是基于传感器传过来的数字信息,包括船位、航向、航速、海图图号等文档信息,并且可以根据已存的船位信息重现保存的航次航行情况。对于历史轨迹,ECDIS 允许至少 12 h 的保存,并可以在海图上显示该轨迹,以便能够在发生事故时提供证据,也可用于航行观摩、演示等。航行记录可以理解为简易的"黑匣子"功能,航行状态保存后,船员不能编辑或删除所保存的记录,只能查看记录和添加一些附注信息。

1.记录命名

ECDIS 中的记录通常以日期命名保存,便于识别和选取。记录列表中的信息包括记录名称、航次编号、记录日期(图 7-1-1)。

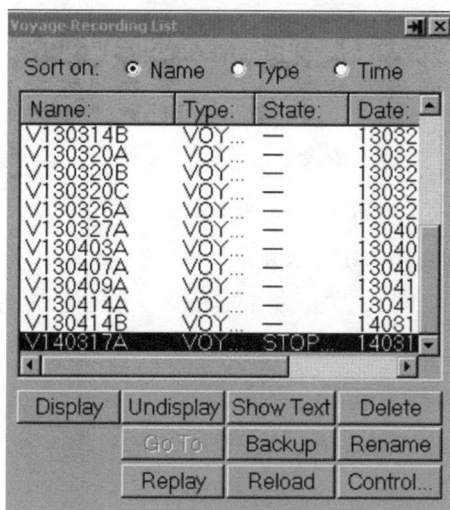

图 7-1-1　航行记录管理菜单

2.记录内容

不同系统的记录内容不完全一样,主要包括时间、位置、航速、航向、气象信息、主机信息等(图 7-1-2)。主要数据如下:

(1)记录时刻:日期时刻(UTC 时间);

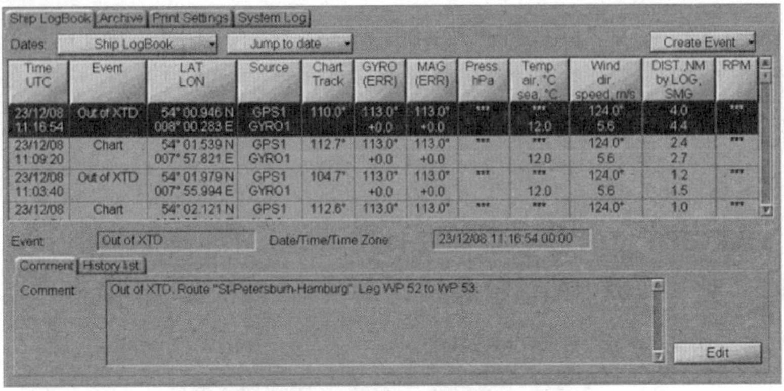

图 7-1-2　航行记录内容

（2）事件描述：事件内容的简短描述；

（3）船位：纬度、经度；

（4）数据来源：船位、航向数据来源；

（5）轨迹向：海图轨迹航向；

（6）罗经航向及改正量：陀螺罗经及陀螺差，磁罗经航向及磁差；

（7）温度：空气温度、海水温度；

（8）风速仪：风向、风速；

（9）距离差：罗经航程与 GPS 航程差；

（10）主机状况：转速。

3. 其他

除定时保存外，还应在如下事件发生时，自动在航行记录中增加保存一个新记录。

（1）必要事件：主要包括系统开启、关闭、过转向点；

（2）船员设置参数：主要包括调用或取消监控航线、启动或停止报警功能；

（3）设备：连接设备、断开设备；

（4）系统报警：产生任何报警时；

（5）变换海图显示：主要包括分层显示操作、筛选物标、变更比例尺、自动换图、手动换图。

4.轨迹存储

ECDIS 中航行记录与航次轨迹分别存储。在 ECDIS 中可设置轨迹存储时间间隔（最大间隔 4 h）。所记录的轨迹可直接作为船位标记显示在电子海图界面上，包括标记点和时间标签（图 7-1-3）。

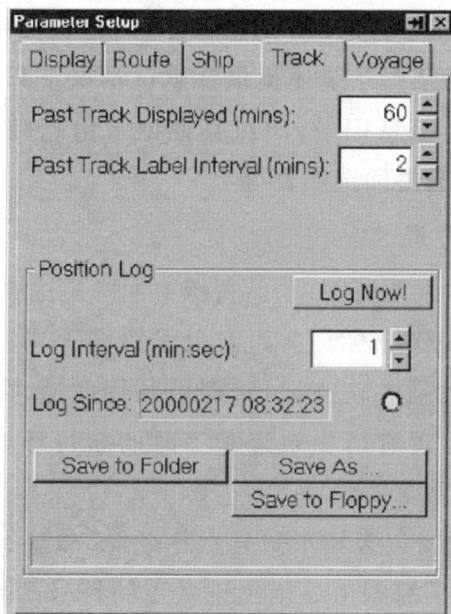

图 7-1-3　航迹管理

5.船员特殊标记

ECDIS 要求,应该允许船员在需要时,通过一键式操作,向航行记录中添加一个特殊的航行记录(EVENT 事件)。该记录除以特殊事件 EVENT 保存在航行记录中外,还作为特殊轨迹点保存在轨迹中,并在海图上用特殊的小方块或小信封符号进行特殊标记显示。

二、查看航行记录

1.记录查询

记录通常以时间先后排序,用户可根据记录存储时保存的记录列表,选择某时间(记录名称)的记录文件,对记录信息进行浏览。某些系统还提供在默认情况下只显示系统自动存储的必要信息记录,而对其他记录信息则可根据记录的事件性质,提供筛选性查询。

2.航迹再现

在传统的纸质海图上,航行历史回顾是逐张查看航海用海图上的海图作业标记。而在电子海图上,只需选择某时间段的航行记录或轨迹记录,即可利用航迹再现功能在电子海图界面上观看历史轨迹和当时的航行环境,包括使用的海图信息(图 7-2-1)。

ECDIS 通常以表格形式显示各记录(轨迹)点的数据信息,同时在电子海图上显示出记录点的符号图形信息,表格的记录行和图形中的记录点之间可互动查询,即表格上选

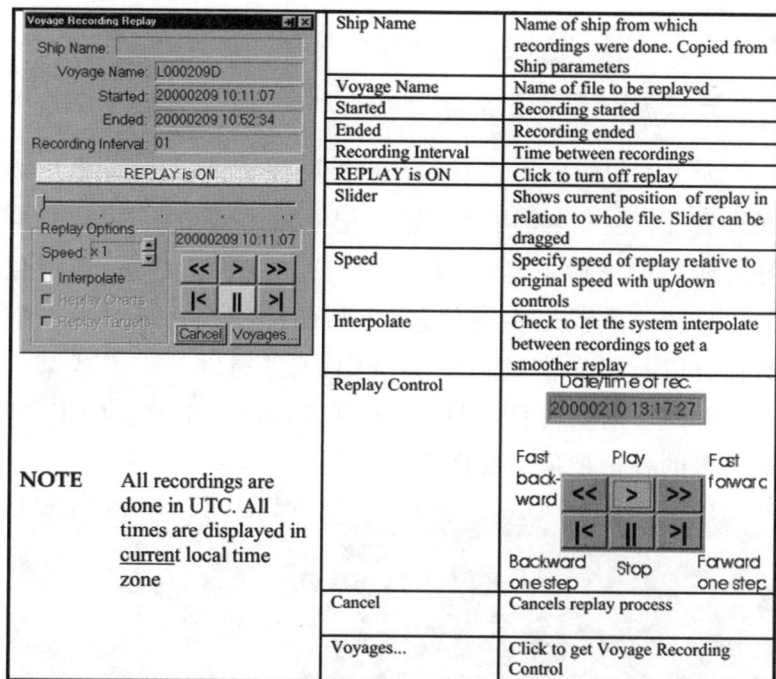

Ship Name	Name of ship from which recordings were done. Copied from Ship parameters
Voyage Name	Name of file to be replayed
Started	Recording started
Ended	Recording ended
Recording Interval	Time between recordings
REPLAY is ON	Click to turn off replay
Slider	Shows current position of replay in relation to whole file. Slider can be dragged
Speed	Specify speed of replay relative to original speed with up/down controls
Interpolate	Check to let the system interpolate between recordings to get a smoother replay
Replay Control	Date/time of rec. 20000210 13:17:27
Cancel	Cancels replay process
Voyages...	Click to get Voyage Recording Control

图 7-2-1　航迹再现

中某个记录点,图形上也跳至该点的对应显示状态。

航迹再现包括航行再现和轨迹再现两种方式。航行再现是再现 12 h 内航行记录条件下的航行状态。ECDIS 可调出并显示每个记录点信息,包括本船的航行状态信息、当时使用的海图、比例尺等(有些系统会提供类似录放机式的操作模式)。航行再现也称为"航行回放"。

轨迹再现是再现较长时段的航次轨迹。由于轨迹记录类似于传统的船位标记,因此轨迹再现只表现为所选择的航迹记录的轨迹点历史,给出的是以往某航次的概要航路经历。

三、输出航行记录

为了方便远距离查看航行记录的需要，ECDIS 除提供界面查看外，还提供将内存的航行记录输出的功能，可以将存好的航行记录拷贝到外部存储介质，如磁盘、U 盘，还可以输出打印。设置好相关信息，包括船舶识别信息、船长、航次信息以及出发港及目的港，ECDIS 可提供某一天或某一历史时间段的航海日志打印，也可以打印整个航次的记录。某系统的各选项信息如图 7-3-1 所示。

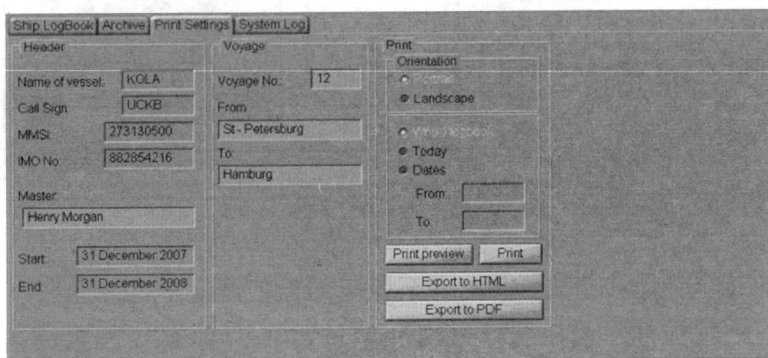

图 7-3-1 打印设置

输出打印前，ECDIS 可以提供打印预览，方便查看打印出的效果（图 7-3-2）。航行记录客观地记录了一系列重要航行信息，具有一定的证明效力，不可随意更改、删除。

Print Preview

|◀| ◀ Page 2 of 6 ▶ |▶|

| Ship name: | | | KOLA | | | | | | Date: 31 December 2007 | |
| Voyage N: | 12 | From: | 2731 30500 | | | To: | 882854216 | | | |

Time UTC	LAT. LON.	Source	Chart Track	GYRO (ERR)	MAG. (ERR)	Press. hPa	Temp. air, °C sea, °C	Wind dir speed, m/s	DIST. NM by LOG, SMG	RPM	Comment
20:59:02	53° 59.685 N 008° 05.498 E	GPS1 GYRO1	113.3°	113.0° +0.0	113.0° +0.0	***	*** 12.0	124.0° 5.6	99.7 0.0	***	
20:59:02	53° 59.685 N 008° 05.498 E	GPS1 GYRO1	113.3°	113.0° +0.0	113.0° +0.0	***	*** 12.0	124.0° 5.6	99.7 0.0	***	Chart under the ship "o2" Alarms: * Out of XTD * Nav.danger * Safety contour changed * AIS: Name warning * AIS: CALL warning * Aux. EPFS 2: no input * Aux. LOG 2 no data * NMEA Custom1 sensor no input Monitoring route "St-Petersburh-Hamburg" Total watch distance 0.0 nm Total voyage distance 373.1 nm Watch officer: J.Sparrow/Chief mate1
20:59:10	53° 59.684 N 008° 05.500 E	GPS1 GYRO1	113.3°	113.0° +0.0	113.0° +0.0	***	*** 12.0	124.0° 5.6	0.0 0.0	***	Pilot on board
20:59:13	53° 59.684 N 008° 05.500 E	GPS1 GYRO1	113.3°	113.0° +0.0	113.0° +0.0	***	*** 12.0	124.0° 5.6	0.0 0.0	***	Pilot off
20:59:26	53° 59.683 N 008° 05.503 E	GPS1 GYRO1	113.3°	113.0° +0.0	113.0° +0.0	***	*** 12.0	124.0° 5.6	0.0 0.0	***	Pilot on board
20:59:28	53° 59.683 N 008° 05.504 E	GPS1 GYRO1	113.3°	113.0° +0.0	113.0° +0.0	***	*** 12.0	124.0° 5.6	0.0 0.0	***	
20:59:41	53° 59.683 N 008° 05.506 E	GPS1 GYRO1	113.3°	113.0° +0.0	113.0° +0.0	***	*** 12.0	124.0° 5.6	0.0 0.0	***	Pilot change
20:59:47	53° 59.682 N 008° 05.508 E	GPS1 GYRO1	113.3°	113.0° +0.0	113.0° +0.0	***	*** 12.0	124.0° 5.6	0.0 0.0	***	
20:59:56	53° 59.682 N 008° 05.510 E	GPS1 GYRO1	113.3°	113.0° +0.0	113.0° +0.0	***	*** 12.0	124.0° 5.6	0.0 0.0	***	
20:59:59	53° 59.682 N 008° 05.511 E	GPS1 GYRO1	113.3°	113.0° +0.0	113.0° +0.0	***	*** 12.0	124.0° 5.6	0.0 0.0	***	
21:00:00	53° 59.682 N 008° 05.511 E	GPS1 GYRO1	113.3°	113.0° +0.0	113.0° +0.0	***	*** 12.0	124.0° 5.6	0.0 0.0	***	
21:01:38	53° 59.676 N 008° 05.533 E	GPS1 GYRO1	113.3°	113.0° +0.0	113.0° +0.0	***	*** 12.0	124.0° 5.6	0.0 0.0	***	Pilot change

Printed 23/12/08 17:20:43 　　　Checked by Master: 　　　Page 1

图 7-3-2　航行记录

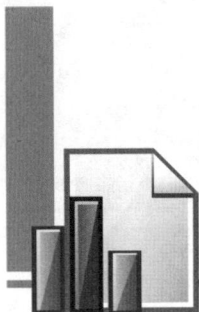

项目八
过分依赖电子海图的风险

一、海图数据误差导致风险的识别

海图数据误差是海图数据在形成过程中产生的误差。另外，不同的数据来源所依据的基准差异也会产生海图数据误差。

准确的海图数据是保障航行安全的重要基础，只有在海图数据准确的前提下 ECDIS 才能作为可靠的导航手段。海图数据的质量主要是由数据测量精度、数据制作精度、数据完整度、数据覆盖情况、数据更新情况等决定的。测量的误差、制作的误差、覆盖不完整、数据更新不及时都会体现在 ECDIS 的定位导航中。

大部分电子海图数据来源于对应海区的纸质海图数据，由于测量技术限制以及环境变化等因素，纸质海图中的物标位置、水深等信息都与实际情况存在差异,这些差异必然会影响到依此制作的电子海图数据精度。在制作光栅海图的扫描过程中,还可能发生遗漏、数据丢失现象,也有可能出现一些不必要的、无关的信息,甚至出现数据矛盾的情况。

使用 ECDIS 引导航行时,应尽可能地核实确认电子海图数据的可靠性,例如把同一海区电子海图数据与纸质海图数据进行对比,不同比例尺电子海图切换比较,实测数据与电子海图显示数据比较等,以确保电子海图数据的可靠性。

二、船位误差或错误导致风险的识别

船位误差属于时变数据产生的误差,主要是由于位置传感器坐标数据不准以及位置传感器与 ECDIS 时间不同步造成的,由此可能产生电子海图上显示船位不是船舶真实船位的情况。

1.本船位置传感器天线位置误差

位置传感器所提供的船位是天线所在的位置数据,ECDIS以船舶中心点为基准,而位置传感器天线一般不在船舶中心,应在 ECDIS 中设置正确的天线位置,但相对位置设置通常精确到米级,存在一定的误差。

2.目标船船位误差

与本船位置传感器天线位置误差类似,在电子海图上显示的目标船船位也存在一定误差。

3．数据延时

在 ECDIS 中本船船位数据一般来自于 GPS，而目标船船位数据来自于雷达、AIS。ECDIS 每秒接收到 3 个 GPS 船位数据，雷达一般每 3 s 为一个扫描周期，即目标船船位更新频率低于本船船位更新频率。AIS 依据船舶状态不同，更新频率在 2 s ~ 3 min 之间。ECDIS 每隔 1 ~ 3 s 刷新一次海图和航海信息，因此，ECDIS 并不是完全实时显示本船船位和目标船船位，应考虑延时造成的影响。

三、硬件故障与数据误差导致风险的识别

1．硬件故障导致风险的识别

硬件故障导致 ECDIS 无法正常运行或性能下降，例如 ECDIS 常见的操作面板轨迹球失灵、操作面板功能按键失灵、硬件受潮、显示器老化等。除此之外还包括传感器硬件故障导致 ECDIS 不能接收到准确的航行数据，或者 ECDIS 与外部传感器连接故障，即数据连接线或数据连接端口故障导致 ECDIS 不能正常接收航行数据。

航海人员应按照设备维护保养要求，定期检查和保养 ECDIS 及各个传感器。暂时不使用的备用设备也需要定期开机除湿，检查能否正常运行，及时升级系统和更新软件，确保备用设备处于随时可用状态。对于不能在船排除的故障应及时报修。所有的设备运行情况、故障表现、维修保养都要按照管理体系要求记录在册。

2. 数据误差导致风险的识别

（1）坐标系误差导致风险的识别

当前各型号 ECDIS 主要使用 GPS 作为本船位置传感器，GPS 所使用的是 WGS-84 坐标系，而电子海图单元可能使用不同的坐标系制作。当电子海图坐标系和 GPS 坐标系不一致时，如果不及时进行船位修正操作，就会出现电子海图上船位与海图坐标系不匹配的情况。反之，当电子海图与 GPS 坐标系相同时，如果不及时取消船位修正操作，也会造成显示船位不准的情况。

ECDIS 在进行船位修正后，系统都会在船位显示窗口做出相应提示（图 8-3-1），如三角形图标表示该坐标为经过修正操作的 DGPS 船位。

Prim	▲	21° 55.363 N
DGPS 1		113° 51.874 E

图 8-3-1 经过船位修正操作的 DGPS 坐标

（2）方位误差导致风险的识别

方位误差主要是指真北与陀螺罗经北的误差，即在 ECDIS 中海图数据所依据的方向是以真北为基准，而雷达是以陀螺罗经北为基准。方位误差由陀螺罗经差的准确度决定，航海人员应尽可能测算出可靠的陀螺罗经差并在系统中正确设置。

（3）传感器误差导致风险的识别

由于工作原理、制造工艺、工作环境等因素导致各传感器所测数据本身存在一定误差,这些具有误差的传感器数据接入 ECDIS 后会影响操作运用。另外,传感器使用时间过长、部件老化等因素都会使得设备性能下降,从而使误差增大。例如 GPS 的船位数据精度可能从初期的 10 m 以内下降到 20 m 以内,测深仪的误差可能从原来的厘米级下降到分米级。

四、系统的可靠性差导致风险的识别

1. 海图数据

ECDIS 应采用各国官方机构发布的更新到最新的电子海图单元。各设备厂商或海图数据公司制作发布的电子海图数据单元不具备权威性和时效性,不能作为导航依据,应从官方或官方授权的发行机构购买电子海图数据和其他数字出版物,ECDIS 在显示海图单元时也会在系统界面中提示当前显示海图是否为 ENC 数据。

除了安装使用官方发布的海图数据外,还应定期接收官方发布的改正信息,对授权使用的电子海图进行改正更新。

2. 显示信息

航海人员应熟练掌握 ECDIS 各项显示设置和信息查看功能,例如海图信息的显示设置、传感器数据的显示查看、计划航线的调用显示、航标显示设置、航路资料及水文气象资料的显示查看等,确保能够在不同的航行环境和应用场景中快速正确显示相关信息。

3. ECDIS 设置

航海人员应熟练掌握 ECDIS 设置方法,根据航行条件设置合适的显示方式、船舶参数、航线参数、监控参数、报警参数、安全参数等,经常对各项设置结果进行检查,防止误报警和漏报警。

4. ECDIS 维护保养

从航行准备到航次结束,ECDIS 设备通常需要长时间连续工作,根据航线情况,船舶可能会跨越较大的地理范围,温度、湿度都可能发生显著变化,复杂的运行环境对 ECDIS 形成很大压力。为保障 ECDIS 正常运行,在驾驶台应创造一个良好的工作环境,保持合适温度、湿度,保持清洁,注意防尘防静电。如果配备两套 ECDIS,应定期切换使用,使每台设备都能得到休整。对于长时间不使用的电子海图也要定期通电除湿,及时更新备用装置中的海图数据,与主系统同步航线数据,保证备用装置随时能够接替主系统引导船舶航行。

为确保 ECDIS 各项功能正常运行,应定期对系统主要功能进行测试操作,包括外部传感器输入数据的完整性测试、航线监控功能测试、警报功能测试以及系统自检等。

5. 系统软件和数据维护

为确保 ECDIS 处于良好工作状态,除了需要对硬件设备维护保养外,还需注意正确使用系统软件及数据,需专人负责系统维护和数据管理。要注意专机专用,不可在 ECDIS

中安装其他无关软件或存储其他数据,不能与其他存储设备随意连接,避免感染计算机病毒。

关注设备厂商发布的信息,及时更新系统版本,修复系统缺陷或漏洞。另外还需关注有关 ECDIS 的公约法规,根据公约要求及时升级或购置符合规范的系统版本。

注意不得随意卸载设备内置软件,谨防误删除海图数据和航行记录数据。设备管理人员须掌握系统恢复方法,保存好电子海图数据文件以及海图使用许可文件,备份保存航行记录。

6. 驾驶台设备配置

为确保各传感器与 ECDIS 兼容,应尽量配置同一厂商的同代产品。设备安装后需进行系统设置,例如根据定位系统坐标系与海图坐标系的差异进行船位修正设置、陀螺罗经差和磁罗经差设置、世界时和船时设置、船舶参数设置、航行记录设置、传感器设置等。

五、系统操作误差导致风险的识别

根据 STCW 公约相关要求,船长和驾驶员应当完成 ECDIS通用培训和特定型号培训,以保证能够熟练操作运用 ECDIS,避免误操作导致的误差。

1. 海图显示不当

电子海图显示内容的准确和恰当是航行安全的基本要求,电子海图单元包含的信息远超传统纸质海图。如果同时显示所有信息会造成系统过载、重要的安全信息被覆盖或难以辨认等问题。如果显示信息过少,则不能保证航行安全。需要根据航行环境进行设置,使用 ECDIS 期间需经常检查,及时识别不当的显示设置并进行改正。

2. 参数设置错误

应正确设置各项参数,例如本船参数、报警参数、航线参数、监控参数等以保证 ECDIS 的正常运行。例如,当安全等深线数值设置过小时,可能会导致船舶发生搁浅、触礁而系统不发出报警;设置过大时,可能会出现在可安全通航水域航行时发出误报警。应根据实际航行情况对报警信息进行辨别,根据误报警和漏报警情况识别出参数设置错误并及时纠正。

3. 理解错误

航海人员应熟悉 ECDIS 工作原理,掌握各项功能操作,了解海图数据特点,以避免因理解错误而发生事故。对 ECDIS的理解错误主要包括:

(1)忽视海图超比例尺显示

由海图制图原理和工艺决定的海图上物标之间的空间位置关系在原始比例尺下是最可靠的,在原始比例尺的基础上进行的海图缩放显示称为超比例尺显示。相对于原始比例尺,超比例尺显示时海图上物标的空间位置关系存在视觉差异,因此,设置海图显示比例尺时不应过分放大或缩小。部分型号电子海图系统在显示比例尺与原始比例尺差异过大时会有警示提示(图 8-5-1)。

图 8-5-1　超比例尺显示提示

（2）忽视控制显示

各型号的 ECDIS 都提供了基础显示、标准显示和其他信息显示的选择功能，航海人员应熟知各分层显示下的海图信息。例如在基础显示模式时海图隐藏航标、地名、定线制、水深点等信息，若忽视控制显示则可能遗漏重要航海信息；反之如果在航行监控时把所有海图信息同时显示，则会出现信息叠加覆盖的情况，此时，难于识别关键信息，容易造成航行安全隐患。

亮度调节功能中的白天模式与夜间模式色彩差异很大，容易导致信息识读错误。使用漫游模式时，本船位置可能不在显示海图中，不能判断本船周围航行环境。采用首向上或航向向上模式时，电子海图显示方向与纸质海图显示方向不一致。当雷达图像叠加到电子海图画面中时，雷达回波会遮挡海图原有信息（图 8-5-2），雷达杂波也会影响电子海图的正常使用。忽视上述控制显示都可能干扰用户识读，影响航行安全。

（3）盲目信任系统显示船位

ECDIS 上的本船船位信息主要来自于 GPS，根据 GPS 接收的船位与真实船位存在误差，发生故障时甚至会接收到错误船位，应尽可能通过多种定位方法获取船位，并进行比对，避免盲目信任单一船位的信息。

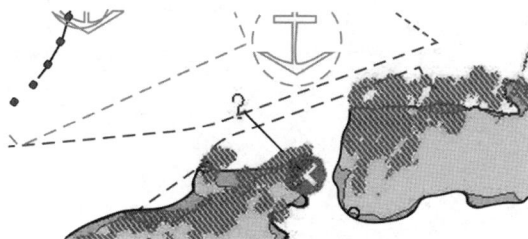

图 8-5-2　雷达图像遮挡海图信息

项目九
系统测试与备用配置

一、系统故障测试方法、功能自检与故障排除

国际电工委员会发布 IEC 61174《海上导航和无线电通信设备及系统——电子海图显示与信息系统（ECDIS）——操作和性能要求、测试方法和要求试验结果》[Maritime navigation and radiocommunication equipment and systems—Electronic chart display and information system（ECDIS）—Operational and performance requirements, methods of testing and required test results]，现行标准为 2008 年 9 月发布的第3.0 版。

该标准描述了 ECDIS 的性能测试方法和要求的测试结果。任何厂家生产的 ECDIS 必须按该标准经严格测试并达到标准要求的结果，才能被官方认可并投入市场。因此，通过该标准的测试是 ECDIS 合法地成为船用设备的基础。符合该标准的 ECDIS 得到型式认可（Type-Approved）后，才可合法地成为船用设备。

　　为确保 ECDIS 功能的正常运行，要定期自动或手动对 ECDIS 主要功能进行在船测试。

　　ECDIS 应提供在船上对其主要功能进行自动或手动测试的手段（图 9-1-1）。如果发生故障，应显示信息以指出发生故障的模块。

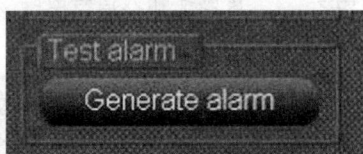

图 9-1-1　手动测试

　　船上主要功能的测试包括传感器输入信号的完整性。当存在任何可探测的原因，表明呈现给操作人员的信息是无效的，ECDIS 应向操作人员发出充分而清楚的警告（图 9-1-2）。

　　通常情况下，ECDIS 会在显著的位置给出其连接的传感器信息（如 GPS、GYRO 等），在报警或警示情况下为红色或黄色。当出现报警文本时，弹出信息内容包括：

　　（1）连接故障：设置了连接，但未检测到连接的设备；

　　（2）运行故障：连接的设备无信号或其他故障；

　　（3）数据错误：传递的数据无法正确解析。

　　ECDIS 在系统发生故障时应有适当的报警或警示（图

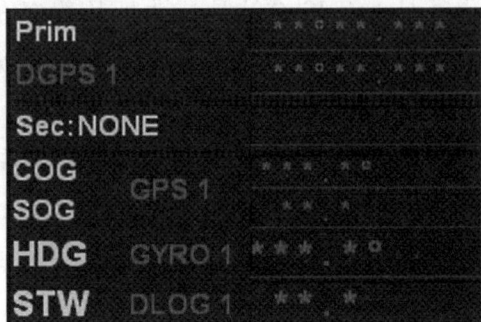

图 9-1-2　传感器输入信号故障

9-1-3）。

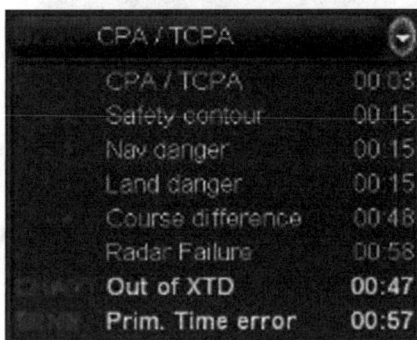

图 9-1-3　报警或警示

　　根据 ECDIS 故障时的报警或警示，对故障一一排除，直到所有故障都确认，确保设备正常运行，保障船舶安全航行。

二、备用系统的配置检验、接替值班方式检验

　　《ECDIS 性能标准》附则 6 要求，船舶应提供适当的、独立于 ECDIS 的备用装置（Back-up Arrangement），其性能可

以低于 ECDIS,但能够进行基本的海图显示、航线设计、航线监控、航行记录、本船状态显示和所有的航行报警,以确保在 ECDIS 发生故障时能够利用备用装置继续保持安全航行,即一旦 ECDIS 失灵,船舶还有一套可以确保航行安全的系统。

1. 备用装置必须具备的功能

《ECDIS 性能标准》对 ECDIS 备用装置提出了总体要求,列出了备用装置的必需功能,主要包括:

(1)能以海图形式显示与水道测量和地理环境相关的信息。

(2)能接管原先在 ECDIS 上的航线设计,并能手动或通过航线设计设备传输来调整计划航线。

(3)能接管原先由 ECDIS 进行的航行监控;能自动或在海图上手动标绘本船船位和对应的船时;可在海图上显示计划航线,量取航向、距离和方位,标绘经纬度、方位位置线、距离位置线。

(4)如果备用装置为电子设备,则至少能显示 ECDIS 中的标准显示模式下的信息。

(5)整个航次的海图信息应该使用最新的官方版本,并改正到最新;应不可能改变电子海图信息的内容;应显示海图或海图数据的版本和发布日期。

(6)如果备用装置为电子设备,当信息以比数据库中的比例更大的比例显示,或覆盖本船船位的海图比例尺大于系统提供的比例尺时,应能提供警示。

（7）雷达和其他航行信息的叠加应符合相关要求。

（8）应能记录船舶航迹，包括船位和相应船时。

（9）在主要环境条件和正常操作条件下备用装置应能提供可靠的操作。

对上述功能的解释和定义，以及采用何种技术方案进行适当的备份，仍有待于各国海事主管机关进一步研究和明确。

2．备用装置方案

满足备份要求的选择方案有以下几种：

（1）另外一部使用独立电源和独立 GPS 位置传感器的 ECDIS。

（2）满足整个航次所需的改正到最新的最新版纸质海图。

（3）另外一部使用 RCDS 模式的 ECDIS。

（4）一部基于雷达的、符合 IMO"海图—雷达"性能标准的"海图—雷达"系统。

具备怎样的条件才能成为 ECDIS 的"足够有效"的备用装置，最终由各国海事局来决定。在使用电子海图系统时，船舶应向船旗国的海事主管机关咨询，并应获得相应的确认文件。一些国家要求本国籍的船舶配备几种类型的 ECDIS 备用装置，而有的国家则要求配备某种特定类型的备用装置。港口国也会提供相应的服务（如提供 ENC 数据和更新），使 ECDIS 在自己国家的水域里能正常使用。在实际应用中，很多船舶购置两个完全相同的 ECDIS 互为备份，驾驶员无须掌握另外的特殊操作。

三、系统是否可以替代纸质海图检验

ECDIS 的性能标准、海图显示规范、数据标准、硬件设备标准的建立为 ECDIS 的合法化和实用化铺平了道路,标志着 ECDIS 取代纸质海图的时代已经来临。

如果 ECDIS 满足以下条件,可认为符合 SOLAS 公约第 V 章海图配备方面相关要求,即可取代传统纸质海图。

(1)ECDIS 须符合 IEC 61174 标准,并通过有关机构的型式认可;

(2)ECDIS 须使用改正至最新的官方 ENC(官方水道测量机构提供的符合 IHO S-57 标准,具体内容、显示方式,以及颜色和符号的使用等要符合 IHO S-52 规范);

(3)配备适当的备用装置。

附录一
ECDIS 模拟器培训大纲
（适用《11 规则》证书）
（2016 版）

培训内容	学时	适用对象		
		二/三副	大副	船长
1.ECDIS 的基本操作	**4**			
1.1 ECDIS 界面、功能和布局认识		√	√	√
1.2 ECDIS 系统显示基本设置与海图数据浏览		√	√	√
2 ENC 数据管理	**4**			
2.1 ENC 数据载入、海图信息的查询与显示		√		
2.2 ENC 数据更新		√	√	√
2.3 不同精度等级和类别数据的理解和误差的理解		√	√	√
3 航线设计	**4**			
3.1 航线设计安全参数设置		√	√	√
3.2 转向点编辑		√	√	√

培训内容	学时	适用对象		
		二/三副	大副	船长
3.3 航线信息查询、显示和打印		√	√	√
3.4 航线安全性检查		√	√	√
4 航行监控	4			
4.1 安全监控参数设置		√	√	√
4.2 监控航线的选择和检查		√	√	√
4.3 航行监控信息的理解		√	√	√
4.4 AIS、和雷达信息的避碰应用			√	√
4.5 航行报警、传感器报警和系统报警的理解		√	√	√
4.6 过分依赖 ECDIS 的风险		√	√	√
总学时		**16**	**16**	**16**
备注:未满 500 总吨船舶船长和驾驶员适任证书已取消 ECDIS 适用限制的船员应完成以上培训。				

附录二
ECDIS 模拟器培训大纲
（适用非《11 规则》证书）
（2016 版）

培训内容	学时	适用对象		
		二/三副	大副	船长
1 系统组成检查	**6**			
1.1 系统开启及各传感器检查		√	√	√
1.2 检查 ECDIS 是否满足我国主管机关要求		√	√	√
1.3 ECDIS 是否满足 IMO 规范要求，是否通过类型认可		√	√	√
1.4 检查 ECDIS 各传感器接口是否正常		√	√	√
2 系统数据与显示	**6**			
2.1 电子海图数据管理		√	√	√
2.2 辅助数据使用		√	√	√
2.3 海图改正		√	√	√
2.4 系统显示		√	√	√

培训内容	学时	适用对象		
		二／三副	大副	船长
3 系统安全参数设置	**2**			
3.1 本船参数设置		√	√	√
3.2 安全监控参数设置		√	√	√
3.3 系统安全参数检验		√	√	√
4 航线设计与航次计划	**6**			
4.1 航线设计		√	√	√
4.2 航次列表		√	√	√
5 航行监控	**6**			
5.1 基本监控		√	√	√
5.2 应对特殊情况		√	√	√
6 航海日志	**4**			
6.1 航行记录		√	√	√
6.2 查看航行记录		√	√	√
6.3 输出航行记录		√	√	√
7 过分依赖电子海图的风险	**6**			
7.1 海图数据的误差导致风险的识别		√	√	√
7.2 船位误差或错误导致风险的识别		√	√	√
7.3 硬件故障与数据误差导致风险的识别		√	√	√
7.4 系统的可靠性差导致风险的识别		√	√	√
7.5 系统操作误差导致风险的识别		√	√	√
8 系统测试与备用配置	**4**			
8.1 系统故障测试方法、功能自检与故障排除		√	√	√
8.2 备用系统的配置检验、接替值班方式检验		√	√	√
8.3 系统是否可以替代纸质海图检验		√	√	√
总学时		**40**	**40**	**40**

备注:《11 规则》及非《11 规则》未满 500 总吨船舶船长和驾驶员适任证书申请取消 ECDIS 适用限制的船员应完成以上培训。

参考文献

[1] IMO Model Course 1. 27 Operational Use of Electronic Chart Display and Information Systems (ECDIS). 2010.

[2] INTERNATIONAL MARITIME ORGANIZATION. IHO S-52 Specifications for Chart Content and Display Aspects of ECDIS, Ed. 6. 1. MONACO: The International Hydrographic Bureau,2014.

[3] IEC 61174 Electronic chart display and information system (ECDIS) Operational and performance requirements, methods of testing and required test results, Ed4. 0 . 2015.

[4] Multi-functional display Version 3. 00. 340 ECDIS quick reference, TRANSAS LTD. 2016.

[5] Navi-Sailor 4000 ECDIS Version 2.00.323. User Manual. TRANSAS LTD. 2011.

[6] Navi-Sailor 4100 ECDIS Version 2.00.330. Special Functions. TRANSAS LTD. 2012.

[7] TRANSAS ECDIS ONBOARD TRAINING. TRANSAS LTD. 2010.

[8] SeaMap 10 ECDIS OPERATIONS, 2002, Kongsberg Norcontrol AS.

[9] ECDIS デモンストレーションソフト,設定手順書 Ver.1.0 ,Japan Radio LTD. 2010.

[10] ECDIS Conforms to IMO MSC.191(79) INSTRUCTION MANUAL, Japan Radio LTD. 2010.

[11] 电子海图显示与信息系统(ECDIS)的操作使用. 中华人民共和国海事局译.

[12] 上海海事局海测大队. 电子海图及应用. 中华人民共和国海事局,2013.

[13] 张吉平,等. 电子海图显示与信息系统. 大连:大连海事大学出版社,2013.

[14] 郭绍义,等. 电子海图显示与信息系统. 大连:大连海事大学出版社,2015.

[15] 曹玉墀. 电子海图显示与信息系统(英文版). 大连:大连海事大学出版社,2016.

[16] 赵默洋,等. 电子海图显示与信息系统实训指导. 南京:江苏海事职业技术学院内部讲义,2016.

[17]电子海图显示与信息系统（ECDIS）检验指南. 北京：中国船级社,2012.